中华优秀传统文化课程构建与实施

高　洁　陈晓静　李　盈　著

·郑州·

图书在版编目(CIP)数据

中华优秀传统文化课程构建与实施 / 高洁，陈晓静，李盈著． －－ 郑州：河南大学出版社，2024.7． －－ ISBN 978-7-5649-5986-9

Ⅰ．K203

中国国家版本馆 CIP 数据核字第 202435VX69 号

中华优秀传统文化课程构建与实施
ZHONGHUA YOUXIU CHUANTONG WENHUA KECHENG GOUJIAN YU SHISHI

责任编辑	屈琳玉
责任校对	陈　巧
封面设计	张田田

出版发行	河南大学出版社
	地址：郑州市郑东新区商务外环中华大厦 2401 号　邮编：450046
	电话：0371-86059715（高等教育与职业教育分公司）
	0371-86059701（营销部）
	网址：hupress.henu.edu.cn
印　刷	广东虎彩云印刷有限公司
版　次	2024 年 7 月第 1 版　　　　印　次　2024 年 7 月第 1 次印刷
开　本	710 mm×1010 mm　1/16　　　印　张　8
字　数	140 千字　　　　　　　　　　定　价　45.00 元

本书如有印装质量问题，请与本社联系调换。

前　言

中华优秀传统文化是中华民族在实践活动中创造积累的文明成果，是中华民族悠久历史的见证，更是中华民族生生不息、发展壮大的丰厚滋养。它博大精深，为世界文化的发展作出了伟大贡献，同时也蕴含着中华民族最深沉的精神追求和理想信念。

中华优秀传统文化课程的构建与实施，旨在引导学生深入了解和认识中华文化的历史渊源、精神内涵和价值意义，增强他们的文化自信和民族自豪感。通过系统学习中华优秀传统文化的经典著作、思想理念、道德规范和艺术形式等内容，学生可以更好地领悟中华文化的博大精深和独特魅力，从而在日常生活中自觉践行中华美德，成为传承和弘扬中华文化的中坚力量。因此，构建与实施中华优秀传统文化课程，不仅是对传统文化的传承与弘扬，更是青少年学生全面发展的重要保障。

本书从中华优秀传统文化概述入手，对中华优秀传统文化课程的主要内容展开论述，然后阐述了中华优秀传统文化课程体系的构建，最后对中华优秀传统文化课程的有效实施进行了深入探讨。希望通过本书的介绍，能够为读者提供中华优秀传统文化课程构建与实施方面的帮助。

在写作过程中，笔者参阅了相关文献资料，在此，谨向其作者深表谢忱。

由于水平有限，疏漏和缺点在所难免，希望得到广大读者的批评指正，并衷心希望同行不吝赐教。

著　者
2024 年 6 月

目 录

第一章　中华优秀传统文化概述　1
　第一节　中华优秀传统文化的基本概念　1
　第二节　中华优秀传统文化的主要特征　5
　第三节　中华优秀传统文化的核心价值　11

第二章　中华优秀传统文化课程的主要内容　24
　第一节　经典文化与文学教育　24
　第二节　传统美德与品德教育　35
　第三节　传统节庆与习俗传承　46
　第四节　传统手工艺与技能创新　54

第三章　中华优秀传统文化课程体系的构建　63
　第一节　课程体系的构建原则　63
　第二节　课程体系的基本框架　71
　第三节　课程的教学方法与手段设计　82
　第四节　课程评价与反馈机制的构建　88

第四章　中华优秀传统文化课程的有效实施　97
　第一节　课程实施的准备与计划　97
　第二节　课堂教学与活动组织　107
　第三节　教学资源的整合与利用　114

参考文献　122

第一章　中华优秀传统文化概述

第一节　中华优秀传统文化的基本概念

一、中华优秀传统文化的定义与内涵

(一) 概念界定

文化作为人类社会发展的产物，其概念十分丰富和复杂。对于"中华优秀传统文化"这一概念，学界尚未形成统一、权威的定义。然而，要深入理解中华优秀传统文化的内涵，准确把握其核心要义，必须从文化的一般属性入手，分清相关概念的异同。

从词源学角度看，"文化"一词源自拉丁语，原意为"耕种、培育"，后引申为人类在社会实践中创造的物质财富和精神财富的总和。文化不同于自然界的物质存在，它是人类主体性活动的产物。人类正是在改造世界的过程中，创造了灿烂多彩的文化成果。可见，主体性是文化的基本属性。

从内容构成来看，文化通常包括物质文化、制度文化和精神文化三个层面。物质文化是指人类创造的生产工具、生活资料等有形的物质产品；制度文化是指人们在社会交往中形成的行为规范和组织形式；精神文化是指人类在认识世界、改造世界过程中创造的科学、哲学、艺术等文化。三者相互依存、相互促进，共同构成了文化的完整体系。

中华文化作为人类文化宝库的重要组成部分，同样呈现出鲜明的主体性、综合性特征。然而，由于历史和现实的原因，中华文化在发展过程中也表现出独特性。一方面，中华文化源远流长、博大精深，形成了儒、道、佛三家鼎立，百家争鸣

的独特局面;另一方面,由于受到外来文化的冲击,中华文化在现代化进程中经历了剧烈的变革。在继承传统的基础上,如何实现文化创新,成为摆在当代中国人面前的重大课题。

(二)内涵解读

中华优秀传统文化内涵的独特价值和鲜明特色,在于其深厚的历史积淀、博大精深的思想体系以及丰富多样的表现形式。通过深入剖析和系统梳理,可以发现中华文化的核心内涵呈现出以下几个方面的独特价值。

中华文化蕴含了丰富的哲学思想和人文精神。儒家"仁、义、礼、智、信"的道德伦理观,道家"道法自然"的宇宙本体论,墨家"兼爱非攻"的社会政治思想等,构建起了中华民族独特的价值观念体系。这些思想不仅对中国古代社会产生了深远影响,而且为人类思想宝库贡献了宝贵财富。即使放在当今时代,这些丰富的哲学思想和人文精神对于构建和谐社会、化解人与自然矛盾等问题仍然具有重要的启示意义。

中华文化强调人与自然、人与社会、人与人之间的和谐共生。在中国传统世界观中,"天"代表宇宙自然,"人"则是自然界的一分子。人要尊重自然规律,与天地万物和谐相处;同时,人与人之间也要以诚相待、以德服人,构建稳定有序、互帮互助的社会关系。这种"和合"理念不仅有利于社会的长治久安,而且彰显了中华民族热爱和平、渴望稳定的价值取向。

中华文化注重人的全面发展和个体修养,倡导"修身、齐家、治国、平天下"的人生理想。在中国传统观念中,一个人的理想人格应该是德、智、体、美、劳全面发展的,既要注重外在的言行举止,又要重视内在的道德修养。"君子坦荡荡,小人长戚戚""穷则独善其身,达则兼善天下"等格言警句,生动体现了这种修身立德、自觉担当的精神追求。并且,这种理念不仅有利于个体身心的健康发展,而且有助于形成向上向善的社会风尚。

中华文化还具有兼容并蓄、兼收并容的鲜明特点。由于地域辽阔、历史悠久,各地区、各民族在漫长发展过程中形成了丰富多彩的地域文化和民族文化,并在与中原文化的长期交流中相互吸收、相互融合,最终形成了多元一体、和而不同的中华文化整体。正是凭借这种博大包容的文化品格,中华民族才能在历史的长河中生生不息、薪火相传。

二、传统文化的作用与影响

(一)社会功能

中华优秀传统文化在整个社会结构和秩序的维系中扮演着不可或缺的角色。它所蕴含的价值理念、道德规范、行为准则等,深刻影响和塑造着个人乃至整个民族的精神面貌。

从微观层面看,优秀传统文化为个体提供了一套完整的人生价值体系和行为指南。儒家"修身、齐家、治国、平天下"的理想人格,道家"清静无为"的人生哲学,佛家"诸恶莫作,众善奉行"的行为准则,无不给人以积极向上的精神力量,引导个人树立正确的世界观、人生观、价值观。个体通过对传统文化的学习和内化,能够形成高尚的道德情操和文明的行为习惯,成为有益于社会的积极因素。

从中观层面看,中华优秀传统文化是维系社会和谐稳定的重要纽带。它所倡导的"和而不同""协和万邦"等理念,有助于化解社会矛盾,增进人际理解,促进社会成员之间的团结互助。同时,传统文化中"民为邦本""为政以德""以民为本"等政治思想,强调统治者要爱民、惠民、善待民,这有利于构建亲和、互信的政民关系,促进社会的安定有序。此外,传统文化蕴含的辩证思维方式,如"物极必反""否极泰来"等,启迪人们正确认识社会变革和发展规律,保持战略定力,推动社会朝着积极的方向发展。

从宏观层面看,中华优秀传统文化是凝聚民族精神、增强文化自信的精神高地。悠久灿烂的中华文明孕育了诸如"天行健,君子以自强不息"的进取精神,"先天下之忧而忧,后天下之乐而乐"的担当意识,"忠恕""仁爱"等崇高的人文情怀。这些宝贵的精神财富历经岁月淬炼,已经深深融入中华民族的血脉之中,成为中华儿女共同的精神家园。它不只滋养着炎黄子孙的灵魂,更是人们坚定文化自信、实现民族复兴的力量源泉。只有立足本国的传统文化,继承和发扬其中的优秀因子,才能增强民族凝聚力和向心力,汇聚起实现中国梦的磅礴伟力。

(二)对外传播

中华文化作为一个源远流长、博大精深的文化体系,其传播与影响力早已跨越国界,在世界范围内产生了深远的影响。纵观历史,中华文化对外传播的足迹遍布亚欧大陆,甚至延伸至非洲、美洲等地区。这种广泛而持久的文化交流,不仅促进了不同文明的对话与融合,更为人类文明的多元发展贡献了宝贵财富。

中华文化对外传播的途径和方式是多种多样的。从古代的丝绸之路到明清时期的海上贸易,从近代的留学生潮到当代的文化交流项目,中华文化始终以开放包容的姿态走向世界,通过经济、政治、教育等多个领域的互动,将自身的价值理念、生活方式传递到其他国家和地区。

在这个过程中,中华文化展现出了强大的生命力和感染力。儒家的仁爱思想、道家的天人合一理念、兵家的谋略智慧等,都曾深深吸引和影响了域外民族,成为他们认识世界、改造社会的重要思想资源。古代中国的科技成就,如造纸术、火药、指南针等,更是直接推动了人类文明的进步。中国传统艺术,如绘画、雕塑、戏曲等,以其独特的美学意蕴和艺术魅力,在世界艺坛占据了一席之地。

中华文化对外传播所产生的影响是深远而积极的。它有助于中外民众相互了解,促进了不同国家间的经济文化交流与合作,为构建人类命运共同体贡献了智慧和力量。同时,中华文化在与其他文明的交流中,也吸收借鉴了他者的优秀成果,实现了自身的革新发展,展现出了海纳百川的文化自信。

(三)现代价值

传统文化在当代社会的价值体现在方方面面,其丰富的内涵和深刻的智慧为人们应对时代挑战、推动社会进步提供了宝贵的精神资源。

从个人修养的角度看,传统文化蕴含着丰富的人生哲学和道德规范,如"修身、齐家、治国、平天下"的儒家思想,强调个人品德修养对于社会和谐的重要性;道家"清静无为"的生活态度,提倡以平和、淡泊的心态看待世事沧桑。这些思想对于现代人正确看待自我、把握人生方向具有重要的启示意义。同时,中华传统美德如忠孝节义、仁义礼智等,为当代公民的道德建设提供了丰富滋养。

从社会治理的层面来看,传统文化中的许多理念对于构建和谐社会、化解社会矛盾具有现实指导意义。例如,儒家提出的"大同"社会理想,主张消除贵贱之分,实现社会公平正义,这一理念与全面建成小康社会的目标高度契合;"民为邦本"的民本思想,强调执政者要以民众利益为依归,这与当前加强和改进党的群众工作、密切党群干群关系的要求相呼应。这些传统智慧经过创造性转化,能够为新时代社会治理贡献精神力量。

从文化自信的视角审视,中华优秀传统文化是坚定文化自信的根基所在。悠久灿烂的中华文明孕育了诗词歌赋、戏曲绘画等瑰丽的艺术经典,铸就了长城、大运河等伟大的物质遗产,更凝结着中华民族的精神追求和价值理念。这些都是中华民族的文化瑰宝,是坚定文化自信的深厚基础。在当今世界文化交流日益频繁的背景下,只有立足本民族优秀传统文化,才能在激烈的国际竞争中彰显文化特色,提升文化软实力。

第二节 中华优秀传统文化的主要特征

一、民族特色

(一)独特表现

中国幅员辽阔,各民族在漫长的历史发展进程中形成了独具特色的民族文化。这些文化既有各自鲜明的个性,又融会贯通、相得益彰,构成了中华民族文化的百花园。

以少数民族服饰为例，其独特的色彩搭配、图案纹样、制作工艺等，无不体现着所属民族的审美情趣和文化内涵。蒙古族的服饰以红、蓝、绿等鲜艳色彩为主，配以富有立体感的刺绣，体现出草原民族的豪迈与热情；苗族的服饰则以黑色为主色调，银饰装点其间，透露出神秘与典雅的气息；藏族的服饰造型厚重，金银装饰华丽，反映出高原民族的粗犷与豪放。这些独具魅力的民族服饰，既是各民族的文化符号，也是中华民族多元一体格局的生动写照。

民族节日更是彰显民族特色的重要载体，从彝族的火把节到傣族的泼水节，从苗族的芦笙节到壮族的三月三，丰富多彩的节日活动不仅寄托着各民族的美好愿景，也蕴含着深厚的文化底蕴。以火把节为例，彝族同胞通过点燃火把、围绕篝火起舞等仪式，表达对火神的崇拜和祈求丰收的愿望。这种原始而质朴的表达方式，既体现了彝族先民与自然和谐共生的朴素理念，又反映出对火的崇拜在彝族文化中的重要地位。节日活动的独特魅力，正是民族文化张扬个性的生动体现。

民族文化的独特性还体现在语言、文字等方面。中国境内有数十种少数民族语言，很多还形成了自己的文字，如彝文、藏文、蒙古文等。这些语言文字记录了各民族的悠久历史，承载了各民族的文化记忆，是中华文化多样性的重要体现。

中国各民族在长期交往、交流、交融中，既保持了自身的文化特质，又相互吸收、相互影响，最终形成了你中有我、我中有你的多元一体格局。正是在这种大一统的格局下，各民族文化才能独树一帜、异彩纷呈。

（二）与现代社会交融

民族文化在现代社会中的传承和发展，是一个动态而复杂的过程。民族文化所蕴含的传统价值观念、思维方式、行为规范等，为现代社会的发展提供了丰厚的文化土壤。许多民族特色鲜明的文化元素，如民族服饰、民族节日、民族手工艺等，不仅成为彰显民族自豪感和认同感的重要载体，也为现代设计、旅游等产业注入了创新的灵感。民族文化中蕴含的勤劳智慧、团结互助等优秀品质，更是培育社会主义核心价值观的重要源泉。

现代社会的发展也对民族文化产生了深刻影响。工业化、信息化、全球化浪潮涌动，使不同民族文化之间的交流日益频繁，相互借鉴、融合发展的趋势日益明显。一些传统的民族文化形式，在现代科技的助力下焕发出新的生命力。例如，数字化技术的应用，使许多珍贵的民族文化遗产得以永久保存，并使其以更加生动、直观的方式呈现在大众面前。现代传播手段的发展，也极大拓展了民族文化的传播空间，使其影响力持续扩大。

二、历史悠久

（一）发展脉络

中华文化的历史发展经历了漫长而曲折的过程，从远古走到今天，形成了丰富多彩、博大精深的文化体系。这一发展脉络深刻反映了中华文明的生生不息、代代相传。

中华文化的起源可以追溯到新石器时代。在这个时期，原始先民们已经开始从事农耕生产，创造出了彩陶、石器等灿烂的物质文化。随着社会生产力的发展，夏、商、周三代先后建立，奴隶制度日渐成熟，出现了甲骨文等早期文字，为中华文化的发展奠定了坚实基础。

进入春秋战国时期，社会生产力获得了显著提高，铁器的广泛使用极大地推动了农业、手工业的进步。与此同时，诸子百家蓬勃兴起，儒、道、墨、法等各家学说竞相发展，思想文化空前繁荣。儒家的"仁爱"、道家的"清静无为"、墨家的"兼爱非攻"等思想，构成了中华文化的主要内核。

秦汉至隋唐时期是中华文化的鼎盛期。秦始皇"书同文、车同轨"，统一文字、度量衡，为中华文化的统一和发展创造了条件。汉代经学昌明，儒学思想取得正统地位，《史记》《汉书》等史学巨著陆续问世。隋唐时期科举制度建立，诗歌、书法、绘画等艺术门类也达到了巅峰。

宋元明清时期，理学兴起，程颢、程颐、朱熹、王阳明等理学家继承和发展了儒家思想。同时,中华传统文化在域外广泛传播,对朝鲜半岛、日本、东南亚等国家和地区产生了深远影响。明清之际,西学东渐,中华文化出现图强、求新的思想,进步思想家们力图以西方科技为师,融汇中西,实现民族复兴。

近代以来,面对西方列强的坚船利炮,中华文化遭受了巨大冲击。但是,无数仁人志士矢志不渝,或主张"中学为体,西学为用",或高唱"全盘西化",开展了一场场救亡图存、振兴中华的斗争。新文化运动更是喊出"打倒孔家店"的口号,批判封建糟粕,宣传民主科学。这些思想启蒙运动推动了中华文化的现代化转型。

新中国成立后,中华优秀传统文化得到继承和弘扬。特别是改革开放以来,随着综合国力和国际地位的提升,国人的文化自信不断增强,"文化自觉"渐成时代主旋律。立足本国国情,博采众长,积极借鉴和吸收世界优秀文明成果,成为当代中华文化发展的鲜明特征。

(二)对当代的影响

中华文化上下五千年,历史悠久,内涵博大精深。其中蕴含的智慧结晶,不仅是古代先贤们留下的宝贵财富,更是当代人民从历史长河中汲取的精神力量。在现代社会的发展进程中,古代文化遗产依然闪耀着夺目的光芒,为人们指引前行的方向,启迪心智,涵养情操。

透过璀璨的古代文化遗产,能够窥见中华民族的文化自信和价值追求。无数的典籍、诗歌、书画、器物等,无不彰显着中华儿女的聪明才智和审美情趣。从先秦诸子的百家争鸣,到盛唐时期的开放包容;从宋明理学的融会贯通,到明清小说戏曲的风靡一时,无不体现出中国传统文化的独特魅力。这种植根于民族沃土的文化底蕴,是人们坚定文化自信的重要基石。

古代文化遗产中蕴含的价值理念和道德规范,对于现代社会的发展具有重要的借鉴意义。"仁、义、礼、智、信"等传统美德,"修身、齐家、治国、平天下"的理想追求,体现了中华民族高尚的情操和责任担当。"天人合一"的生态智慧,"己所不欲,勿施于人"的处世哲学,更是为人们处理人与自然、人与人之间的关系提供了有益启示。这些思想精华跨越时空，历久弥新，是人们构建和谐社会，实现中华民族伟大复兴的精神财富。

古代文化遗产不仅为人们提供了丰富的精神滋养，更是激发创新创造的重要源泉。许多现代科技成果的灵感，都可以从古代文献中找到踪迹。中医药学、建筑工艺、农耕技术等领域的众多发明创造，无不凝聚着古人的智慧结晶。这些古老的知识瑰宝，经过现代科技的提炼和发展，焕发出新的生机与活力，推动着社会生产力不断进步。

三、兼容并蓄

（一）多元融合

中国文化对外来文化的吸纳和融合，是一个历史悠久、内涵丰富的过程。纵观中华文明的发展历程，可以发现开放包容始终是中华民族的显著特质。在与世界各国的交往中，中国人民以海纳百川的胸襟，博采众长，兼收并蓄，形成了兼容并包、多元一体的中华文化。

从汉唐时期的"丝绸之路"，到明清时期的"海上丝绸之路"，中外文化交流不断深化，催生了诸多璀璨夺目的文明成果。丝绸、陶瓷、茶叶等中国特色商品远销海外，成为沟通中外的纽带；而佛教、石窟艺术等域外文化也随之传入中国，并与本土文化交相辉映，绽放出绚丽的光彩。长安、洛阳等地成为中外文化交流的中心，胡风、梵音在此激荡，书法、绘画艺术亦臻于化境。正是在这种包容并蓄的文化氛围中，中华文明展现出蓬勃的生命力，走向了繁荣昌盛。

中国文化对外来文化的吸收和融合，并非简单的模仿和移植，而是立足本土实际，进行创造性转化和创新性发展。以佛教中国化为例，传入中国的佛教在本土文化的孕育下，逐渐形成了独具特色的汉传佛教。禅宗便是一个典型代表，它吸收了老庄"天人合一"的思想，强调顿悟和自省，呈现出鲜明的中国特色。此外，唐代诗人王维笔下的《画》，将佛教哲理与山水诗境巧妙融合，开创了诗画合一的艺术先河。

中国文化在吸纳和融合外来文化的过程中,也凸显出自身的主体性和独特性。从未有哪一种外来文化能够完全取代或主导中国文化,中华文明始终坚守着自己的根基。中国文化就像一棵参天大树,外来文化好似嫁接其上的枝条,虽然能够为其增添色彩,但终究难以撼动其根本。这种文化自信和主体意识,是中华民族历经千难万险而屹立不倒的重要原因。

当代中国正处于全面深化改革、扩大对外开放的关键时期,文化交流与融合面临着新的机遇和挑战。一方面,"一带一路"倡议的实施,为中外文化交流搭建了广阔平台,促进了民心相通和文明互鉴;另一方面,在全球化浪潮的冲击下,如何坚守文化主体性,传承民族精神,也成为需要面对的重大课题。对此,要以开放包容的心态对待外来文化,博采众长,为我所用;也要增强文化自信,立足本土,推动中华优秀传统文化创造性转化和创新性发展。

(二)开放心态

中华文化源远流长、博大精深,其包容性对于现代社会的发展具有重要意义。中国自古以来就是一个崇尚"和而不同"的国度,儒家思想中的"和实生物,同则不继"正是这种包容精神的体现。在漫长的历史发展中,中华文化不断吸收融合其他民族文化的精华,形成了兼收并蓄、海纳百川的文化特质。这种包容性不仅促进了中华文明的繁荣发展,也为构建和谐社会提供了宝贵的精神资源。

在当今多元文化交融的时代,中华文化的包容性显得尤为重要。随着全球化进程的加快,不同国家、不同民族之间的交往日益频繁,文化的碰撞和交流已成为常态。然而,文明的差异性和多样性往往容易引发矛盾和冲突。如何在维护本民族文化独特性的同时,尊重和包容其他文化,成为摆在人们面前的一道难题。中华文化蕴含的包容精神为破解这一难题提供了智慧启示。

中华文化的包容性首先体现在对"异质文化"的尊重和欣赏上。中国历来以开放包容的心态看待域外文明,从未将自身文化视为唯一的正统。相反,中国人始终秉持"美美与共,天下大同"的理念,主张不同文明之间应该平等交流、互鉴互补。正是基于这种包容心态,中华文化才能不断吸收外来文化的养分,焕发出勃勃生机。历史上，佛教传入中国后与儒、道文化交融，催生出独具特色的中国化佛教；近现代以来，中国全方位学习西方先进文明成果，先后发生了"西学东渐"和"新文化运动"，为中华文化的创新发展注入了新的动力。

中华文化的包容性还体现在对"同质文化"的兼收并蓄上。中华民族是一个多元一体的大家庭，56个民族犹如一朵朵璀璨的花朵，共同绣织出中华文化的绚丽图景。在中华文化的大熔炉中，各民族文化在保留自身特色的同时，又相互影响、相互交融，形成了你中有我、我中有你的命运共同体。中原文化与周边民族文化的广泛交流，使得中华文明具有了更为丰富的内涵和更加多元的表现形式。

中华文化包容性的当代价值还在于其对构建和谐社会的积极作用。在现代社会，价值观念多元化趋势日益明显，不同群体之间在利益诉求、思维方式等方面存在分歧甚至对立。如何在承认分歧的同时达成共识，维护社会和谐稳定，是摆在人们面前的重大课题。中华文化倡导的"和而不同"理念为化解社会矛盾提供了重要启示。包容并不意味着放弃原则、一味迁就，而是在坚持自我的同时尊重差异、求同存异。只有秉持包容精神，不同群体之间才能进行理性对话和沟通，在相互理解和尊重的基础上相互包容，共建美好家园。

第三节 中华优秀传统文化的核心价值

一、文化价值

（一）文化自觉与文化自信的培养

中华优秀传统文化是培养文化自觉和文化自信的重要源泉。它所蕴含的深厚历史底蕴和丰富思想内涵，对个体文化意识的形成和发展具有重要影响。通过学习和传承中华优秀传统文化，个人能够建立起对民族文化的认同感和归属感,增强民族自豪感和文化自信心。

在文化自觉的形成过程中,中华优秀传统文化发挥着引领和濡染的作用。它以博大精深的内容和永恒不朽的魅力,吸引和感召着一代又一代中华儿女。通过浸润在传统文化的熏陶中,个人逐渐形成对本民族文化的自觉意识,主动认同和践行中华文化的核心理念和价值追求。这种由内而外的文化认同,是一个从知到行、从认知到情感的循序渐进过程。只有建立起这种发自内心的文化自觉,个人才能真正成为传统文化的传承者和弘扬者。

中华优秀传统文化还是涵养文化自信的重要养分。它以源远流长的发展脉络、博大精深的思想内涵彰显着中华文明的独特魅力,为坚定文化自信提供了深厚基础。通过对传统文化经典的研读和对先贤智慧的体悟,个人能够深切感受到中华文明的伟大创造和非凡成就,从而坚定对民族文化的信心和自豪感。这种扎根于传统沃土的文化自信,是一种内生的、从容的自信,而非外在的、浮躁的自负。

培根铸魂,文化为基。中华优秀传统文化所承载的思想精华和道德理念,是塑造个人高尚品格和价值观念的重要源泉。诸如"天人合一"的宇宙观、"己所不欲,勿施于人"的处世之道,无不彰显着中华文化的人文关怀和道德操守。个人在潜移默化中接受和内化这些优秀文化基因,逐步形成正确的世界观、人生观、价值观。由此培育的文化自觉和文化自信,不仅仅停留在感性认知层面,更上升为理性自觉的追求,成为个人精神世界的内在指引和行为选择的价值坐标。

(二)文化创新与传统的平衡

传统文化蕴含着丰富的智慧和创新的源泉,对现代文化创新具有重要的激励作用。一方面,传统文化为现代文化创新提供了丰厚的滋养土壤。传统文化中的哲学思想、文学艺术、科技成就等,都为当代文化创新提供了深厚的精神资源和智力支持。中国传统哲学中的辩证法思想,强调事物的对立统一和相互转化,这与现代创新思维中的发散性思维不谋而合;传统文学中的想象力和叙事技巧,也为当代文学创作提供了丰富的借鉴;传统科技中蕴藏的发明创造精神,更是激励着当代科技工作者开拓创新、攻坚克难。

传统文化中的审美情趣、价值理念对现代文化创新也有重要启迪。传统文化强调天人合一、尊崇自然的生态智慧，启发人们反思人与自然的关系，推动生态文明建设。传统文化推崇家国情怀、崇尚社会责任的价值取向，引导文化创新者关注现实问题，回应时代召唤。这种源自传统而又超越传统的文化价值，已经成为凝聚民族精神、引领社会发展的强大力量。

另一方面，传统文化也需要在现代语境中创新发展，实现传统与现代的平衡。这就要求文化创新者立足传统又不拘泥于传统，汲取传统文化的营养又敢于突破陈规旧习。只有在传承和创新中实现传统文化的再生，才能使其永葆生机活力。例如，在文学创作中，作家应该在继承传统经典的同时，创新表现手法，发展新的文学样式，讲述新时代的故事；在美术创作中，艺术家应该在汲取传统造型语言的同时，融入现代审美情趣，创造出契合时代精神的艺术品；在影视创作中，创作者应该在弘扬传统文化内涵的同时，运用现代传媒技术，拓展传播渠道，让传统文化以新颖的面貌走进更多人的生活。

这种在继承和发展中实现传统与现代平衡的文化创新之路，不是对传统的简单重复，也不是对现代的盲目追随，而是在两者融通中实现传统文化的创造性转化和创新性发展。只有这样，传统文化才能在现代语境中释放出持久的生命力，为文化创新提供不竭动力。

（三）文化遗产的保护与弘扬

中华民族的文化遗产是先人留给我们的宝贵财富，是中华文明绵延传承的根基。维护文化遗产，不只是对历史的敬重，更是对民族精神的弘扬。文化遗产承载着一个民族的集体记忆和价值追求，是民族认同感的重要来源。保护和传承文化遗产，能够增强民族自豪感和文化自信，激发爱国主义情怀。

文化遗产是一个民族生生不息、代代相传的精神纽带。它见证了民族的发展历程，凝聚了民族的智慧结晶，体现了民族的审美情趣和道德理想。文化遗产中蕴含的爱国主义、集体主义、进取精神等，是中华民族宝贵的精神财富，对于塑造民族性格、提升民族素质具有重要作用。通过保护和弘扬文化遗产,让广大人民特别是青少年深入了解祖国的历史文化,能够培育其民族精神,涵养其家国情怀。

维护文化遗产是中华民族实现伟大复兴的必然要求。中华文明源远流长、博大精深,中华优秀传统文化是我们坚定文化自信的根基。历史上,每当中华民族遭受挫折和苦难,文化遗产都是凝聚民族力量、重振民族信心的力量源泉。在实现中华民族伟大复兴的征程中,我们必须传承和弘扬中华优秀传统文化,用文化遗产滋养民族精神,夯实民族复兴的文化基础。只有扎根于民族文化沃土,吸收其中的养分,民族复兴之路才能行稳致远。

保护文化遗产需要全社会共同努力。文化遗产不仅包括物质形态如古建筑、历史文物等,还包括非物质形态如传统技艺、民俗节庆等。这需要通过多种途径,调动全社会力量参与文化遗产保护。要加强文化遗产普查和抢救性保护,完善文物保护法律法规,加大执法力度,筑牢文化遗产保护的制度防线。要创新文化遗产传播形式,综合运用现代科技手段,提升文化遗产展示效果,扩大传播范围,让文化遗产"活起来"。要鼓励社会力量参与文化遗产保护,发挥民间组织、企业、社区的作用,形成全社会共同参与的良好局面。

二、社会价值

(一)增强社会凝聚力

中华优秀传统文化在增强社会凝聚力方面具有独特优势和重要作用。传统文化所蕴含的价值观念、道德规范和行为准则,深深融入中华民族的血脉之中,构成了中华文明的精神内核。这些价值理念超越时空,跨越地域,形成了中华民族的共同语言和情感纽带,成为维系国家统一、民族团结的精神力量。

共享传统文化能够增强社会成员的认同感和归属感。通过传承和弘扬优秀传统文化,社会成员能够切身感受到中华文明的博大精深,从而产生自豪感和使命感。在人们意识到自己是中华文明的传承者和守护者后,就会自觉地维护民族尊严,坚守文化自信。这种源自内心的认同感和归属感,将个体与群体、个人与国家紧密相连,增强了社会的向心力和凝聚力。

传统文化中蕴含的仁爱、正义、诚信、友善等价值理念,为社会成员提供了共同的道德准则和行为规范。在传统文化的熏陶下,社会成员能够形成正确的价值观,遵守道德底线,形成良好的社会风尚。当人们秉持相同的道德信念,恪守共同的行为准则时,社会矛盾就能得到化解,人际关系就能趋于和谐,社会秩序就能实现稳定。由此可见,优秀传统文化在规范社会行为、化解社会矛盾方面发挥着重要作用。

共享传统文化还能够增进不同群体之间的理解和包容。中华优秀传统文化兼容并蓄,包罗万象,能够包容不同地域、不同民族的文化特色。通过广泛传播和交流传统文化,能够让不同群体充分认识彼此的文化渊源和价值理念,消除彼此之间的隔阂和偏见,增进理解和互信。在传统文化的濡染下,不同群体能够在多元一体的格局中实现和谐共处,共同推动中华民族的繁荣发展。

弘扬优秀传统文化是增强社会凝聚力的重要途径之一。然而,这一过程并非一蹴而就,需要全社会的共同努力。各级政府应该制定系统的文化传承规划,完善相关制度和政策,为传统文化的传承和发展提供制度保障。教育部门应该将优秀传统文化纳入国民教育体系,在青少年群体中广泛开展传统文化教育,让优秀传统文化的种子在青少年心中生根发芽。媒体应积极传播和弘扬优秀传统文化,营造良好的舆论氛围,提高全民族的文化自觉和文化自信。广大社会成员也应主动学习和践行优秀传统文化,在日常生活中弘扬传统美德,传承文明风尚。

(二)塑造社会道德规范

社会道德规范是维系社会秩序、引导个人行为的重要准则。它反映了一个社会的价值取向,体现了人们对善恶、是非、美丑的基本判断。在社会发展的长河中,中华优秀传统文化始终扮演着塑造社会道德规范的重要角色。

中华文化蕴含着丰富的道德思想和伦理智慧。儒家的"仁、义、礼、智、信"、道家的"道法自然"、佛家的"慈悲为怀"等,都为社会道德规范的形成提供了深厚的文化土壤。这些思想不仅影响了个人的价值取向和行为选择,还深刻地塑造了整个社会的道德风尚。以儒家的"仁"为例,它强调以爱人之心对待他人,推己及人,构建和谐的人际关系。这一思想渗透到社会各个层面,形成了重视伦理纲常、崇尚人际和谐的道德规范,成为维系社会稳定的重要力量。

中华优秀传统文化中蕴含的道德规范,不仅为个人行为提供了指引,还为社会制度的建构奠定了基础。以"礼"制为例,它不仅规定了个人日常行为的准则,还为社会角色划分、权力运行提供了基本框架。在古代,统治者通过"礼"来维护等级秩序,而臣民则以"礼"来规范自己的言行,由此形成了一套较为完备的社会运行机制。这种以"礼"为核心的制度规范,深刻影响了中国古代社会的政治、经济、文化生活,成为维系社会长治久安的重要支柱。

中华优秀传统文化中蕴含的道德规范不是一成不变的,而是能够与时俱进,适应社会发展的需要。以"义"为例,"义"本义指"宜",强调合宜适度,后逐渐引申为舍生取义、见义勇为的品格。这一演变过程体现了道德观念随着社会发展而不断丰富、完善的特点。传统"义"的内涵,不仅为个人树立了高尚的道德标杆,还为社会培育了务实进取、敢于担当的精神品格。这种与时俱进的道德规范,始终是推动社会进步的重要力量。

中华优秀传统文化不仅为社会道德规范的形成提供了丰厚的思想资源,而且为道德教化提供了重要载体。诸如历史典籍、文学作品、戏曲艺术等,都承载着丰富的道德内涵,发挥着春风化雨、润物无声的教化作用。人们通过阅读经典、欣赏戏曲等方式,潜移默化地接受优秀传统文化的熏陶,内化于心,外化于行,逐步形成符合道德规范的价值取向和行为习惯。

中华优秀传统文化对社会道德规范的塑造是一个潜移默化、日积月累的过程。通过个人修养、家庭教育、社会教化等多种途径,传统美德、道德规范逐渐内化为人们的行为准则和价值追求。这种基于优秀传统文化的道德塑造,不是简单的说教和灌输,而是通过文化浸润,引导人们自觉追求高尚的道德境界。在这一过程中,个人道德修养与社会道德建设相互促进、相辅相成,共同推动社会道德水平的提升。

新时代背景下,中华优秀传统文化对社会道德规范的塑造依然具有重要意义。一方面,优秀传统文化中的道德思想和伦理智慧,为当代道德建设提供了重要启示和思想资源。另一方面,创新传承传统美德,将其与时代要求相结合,对于推动社会主义核心价值观建设,培育国民道德风尚具有重要作用。只有立足优秀传统文化的深厚土壤,吸收其道德养分,并结合时代特点加以创新发展,才能更好地发挥优秀传统文化在道德领域的塑造作用。这不仅有助于提升公民的道德素养,引导人们自觉遵循道德规范,还为社会道德建设提供了不竭动力,推动社会主义道德文明建设行稳致远。

(三)社会发展与创新的动力

中华传统文化博大精深,是我们民族的智慧结晶和精神财富。它所蕴含的思想观念、道德规范、处世哲学等,对于推动社会进步、实现国家繁荣富强具有重要意义。尤其在当前社会转型加速、创新驱动发展的时代背景下,优秀传统文化中蕴藏的宝贵资源更是弥足珍贵。

中华传统文化中的人文精神是社会发展的重要动力。儒家思想倡导"仁爱""礼仪""忠恕"等,强调个人修养与社会责任的统一,激励人们以高尚的道德品质立身处世,推动社会良性发展。道家思想则提倡"天人合一""道法自然",启迪人们顺应自然规律,追求人与自然的和谐共处。这些思想观念超越时空限制,至今仍散发着熠熠光辉,为人们认识和改造社会提供了宝贵启示。

传统文化中的价值理念也是激励创新的不竭动力。中华文化历来推崇"革故鼎新""与时俱进",鼓励人们突破陈规、勇于创新。这种进取精神和探索意识,正是科技创新的思想渊源。古代科技成就如四大发明等,无不凝结着无数仁人志士敢为天下先的气魄和智慧。在当代,面对新技术、新产业、新业态的蓬勃兴起,我们更需要发扬这种创新精神,以开放包容的心态拥抱变革,不断为社会注入发展新动能。

传统文化塑造的民族个性和精神特质,也为社会发展提供了不竭动力。中华民族自古以来就形成了勤劳勇敢、自强不息的品格,这种品格使人们能够在逆境中奋起、在困顿中图强,创造出一个个令世人瞩目的发展奇迹。而中华文化所倡导的"以和为贵""协和万邦"等理念,又使中华民族具有海纳百川、兼收并蓄的胸襟,善于吸收外来文明的优秀成果,不断焕发生机与活力。在日趋多元的现代社会,弘扬和光大这些宝贵的民族特质,对增强文化软实力、提升国家凝聚力具有重要意义。

三、教育价值

(一)人文素养与道德修养的提升

中华优秀传统文化中蕴含着深厚的人文精神和道德理念,对于培养学生高尚的情操、塑造健全的人格具有重要作用。在当前社会转型加速、价值多元交替的背景下,加强传统文化教育,帮助学生树立正确的世界观、人生观、价值观,已经成为教育工作者的重要使命。

传统文化中的仁爱、诚信、谦和、礼仪等思想,体现了中华民族的人文关怀和道德追求。将这些思想融入教育教学,能够引导学生形成积极向上的价值取向,培养其高尚的情操和良好的道德品质。例如,通过学习《论语》《孟子》等经典著作,学生能够领悟"仁者爱人""己所不欲,勿施于人"等道德箴言,在生活中做到关爱他人、与人为善。再如,通过了解传统礼仪文化,学生能够掌握基本的礼仪规范,懂得尊重他人、谦逊有礼,塑造文明、和谐的人际关系。

优秀传统文化还能陶冶学生的审美情趣,提升其文化修养。传统艺术如书法、国画、戏曲等,既体现了中华民族的审美理想,又凝聚着深厚的文化内涵。引导学生欣赏和学习这些艺术形式,能够拓宽其审美视野,提高其鉴赏能力。同时,传统节日、民俗等非物质文化遗产,也蕴藏着丰富的历史知识和文化内涵。组织学生参与传统节日活动,体验民俗风情,能够增强其文化认同感,促进优秀传统文化的传承和发展。

中华优秀传统文化中蕴含的勤奋、刻苦、自强不息的进取精神,对于激励学生奋发向上、努力拼搏也具有重要作用。许多古代先贤如孔子、屈原、苏轼等,都以其坚韧不拔的意志和执着追求,为后人留下了宝贵的精神财富。教师应充分挖掘这些名人事迹中所蕴含的进取精神,激发学生奋斗的热情和动力。例如,屈原"路漫漫其修远兮,吾将上下而求索"的执着追求,就是激励学生不畏艰险、勇于探索的精神力量。

(二)学习动机与学习方法的启迪

中华优秀传统文化作为中华文明的精髓,蕴含着丰富而深邃的教育智慧。其中,我们不仅可以找到具有普遍意义的教育理念,还能挖掘出对当今教育教学富有启发性的宝贵资源。特别是在学习动机激发和学习方法优化方面,优秀传统文化中的诸多思想和实践至今仍然熠熠生辉,值得我们认真研究和借鉴。

中华优秀传统文化高度重视对学习兴趣的激发和保护。在儒家思想中,"知之者不如好之者,好之者不如乐之者"的观点被广泛接受。这一观点强调只有怀着喜爱之情投入学习,才能激发持久的学习动力,取得良好的学习效果。为达成这一目标,中华优秀传统文化中形成了诸多行之有效的方法,如因材施教等。教学者根据学生的个性特点,采取不同的教育方式,激发其学习兴趣。

中华优秀传统文化中还有诸多内容对于学习方法的优化具有借鉴价值。古人云"学而不思则罔,思而不学则殆",强调学习过程中主动思考的重要性。只有将所学知识内化为自己的认知,才能真正学有所成。为实现这一目标,传统文化倡导多种学习方式,如"温故知新""举一反三"等。通过对已学知识的回顾和思考,加深理解,并由此及彼,开拓思路,这无疑有助于学习质量的提升。同时,中华优秀传统文化还重视实践,强调"知行合一",主张在运用中学习,在学习中运用。这种理论与实践相结合的学习方式,对于知识的巩固和灵活运用具有重要作用。

(三)创新精神与批判性思维的培育

中华优秀传统文化中蕴含着丰富的智慧,为培养学生的创新精神和批判性思维提供了宝贵的资源。创新精神是推动社会进步的不竭动力,批判性思维则是创新的基础和前提。传统文化中蕴含的辩证法思想、和而不同的价值观念、兼容并蓄的胸襟气度,这些都有助于学生打破思维定式,突破常规,从多角度、多层面认识事物,形成全面、客观、理性的判断。

中华优秀传统文化经典著作中的许多思想精华,对于开阔学生思维、启迪智慧具有重要价值。例如,《周易》"穷则变,变则通,通则久"的哲学智慧,揭示了事物发展变化的普遍规律,启发学生要善于变通、勇于创新;《道德经》中"反者道之动""祸兮福之所倚,福兮祸之所伏"的辩证法思想,引导学生用发展的、联系的眼光看问题,在对立统一中把握事物发展规律;《论语》中"和而不同""己所不欲,勿施于人"的处世哲学,教导学生要包容差异、尊重他人,在多元文化背景下坚守道德操守。这些思想精华闪耀着智慧的光芒,为学生的创新思维和独立人格提供了丰富滋养。

在教学实践中,教师可以采取多种方式引导学生感悟优秀传统文化中蕴含的创新意识和批判性思维。例如,开展国学经典导读,引导学生品味经典名句,领悟其中的哲理;组织研讨会,鼓励学生对经典观点进行再诠释,形成自己的见解;策划情境教学,引导学生将传统智慧应用于解决现实问题。通过生动活泼的教学活动,学生能够在优秀传统文化的熏陶中开阔眼界、启迪心智,培养创新意识和批判精神。

四、传承价值

(一)代际传递与文化连续性

代际传递意味着优秀传统文化的延续和发扬。在当今社会文化多元交融的背景下,如何确保中华优秀传统文化代代相传、生生不息,是必须面对和解决的重大课题。优秀传统文化的代际传递不仅仅是知识的简单复制和机械传输,更是一个动态生成、互动交流的过程。年轻一代并非被动的文化接受者,而是主动的文化参与者和创新者。他们在继承优秀传统文化遗产的同时,也在结合时代特点和个人体验,不断赋予优秀传统文化新的生命力。这种创造性转化和发展,正是优秀传统文化代代相传的关键所在。

要实现优秀传统文化的有效传承,必须立足青少年的认知特点和接受习惯,创新优秀传统文化的传播方式和教育模式。在数字化时代,利用新媒体平台和沉浸式技术,将优秀传统文化融入游戏、动漫、短视频等青少年喜闻乐见的形式,能够有效提升优秀传统文化的吸引力和感染力。同时,在学校教育中开设优秀传统文化课程,开展优秀传统文化实践活动,引导学生在亲身体验中感悟优秀传统文化的魅力。家庭作为文化传承的重要场所,家长以身作则,青少年通过耳濡目染的熏陶,更能形成对优秀传统文化的情感认同。

优秀传统文化的代际传递还需要全社会的共同参与和支持。各级政府应加强顶层设计,完善优秀传统文化传承发展的政策体系和工作机制。文化部门要整合资源,搭建优秀传统文化传播平台,为民间优秀传统文化团体、非遗传承人等提供支持和服务。新闻媒体则应发挥宣传引导作用,积极报道优秀传统文化的传承故事,营造良好的社会氛围。只有全社会形成合力,凝聚起传承发展优秀传统文化的强大正能量,才能确保中华文化基因代代相传、发扬光大。

优秀传统文化的传承从来都不是简单的复制和照搬,而是在传承中不断注入新的时代内涵,焕发新的生机活力。这就要求既要有文化自觉和文化自信,又要有文化创新的勇气和智慧。让优秀传统文化走进现代生活,用现代人能听懂的语言、喜闻乐见的方式讲好中国故事、传播中国声音,让中华优秀传统文化真正"活"起来,让优秀传统文化基因融入国人的精神血脉。

(二)加强民族认同感与文化自豪感

中华优秀传统文化是凝聚和塑造中华民族精神的重要源泉,对增强民族认同感和文化自豪感具有重要意义。中华优秀传统文化中所蕴含的爱国主义情怀、人文精神、道德规范等,构成了中华民族最深层的精神追求,是中华民族生生不息、薪火相传的精神支柱。

从历史发展的维度来看,中华优秀传统文化在不同时期都发挥着凝聚民心、鼓舞士气的重要作用。在外族入侵、国家存亡之际,优秀传统文化常常成为激励全民族奋起抗争的精神力量。诸如"先天下之忧而忧,后天下之乐而乐"的家国情怀,"天下兴亡,匹夫有责"的责任感和使命感,无不彰显出优秀传统文化中的爱国主义内核。而在和平发展时期,优秀传统文化又为国家富强、社会进步提供着丰厚滋养。无论是"以和为贵"的处世哲学,"海纳百川"的包容理念,还是"革故鼎新"的创新精神,都蕴含着推动社会发展的智慧启迪。正是由于优秀传统文化在不同历史阶段的广泛影响,凝聚起了中华儿女的民族认同,增强了民族自豪感,激发出了其建设祖国的磅礴力量。

从价值理念的角度来看,中华优秀传统文化所倡导的道德伦理、人文关怀、审美情趣等,不仅塑造了中华民族高尚的精神品格,还为民族精神的建构奠定了深厚基础。中华优秀传统文化注重对个体道德品质的培育,"修身、齐家、治国、平天下"的儒家思想,强调个人修养与社会责任的统一;"克己复礼"的人生律令,体现出对个人德行的高度重视。而诸如"老吾老以及人之老,幼吾幼以及人之幼"的人文情怀,"天人合一"的生态理念等,彰显出对他人、对自然的悲悯之心。这些丰富的文化内涵,铸就了中华民族勤劳善良、重情重义的精神特质,也为民族团结奋进、和谐发展注入了不竭动力。

当前我国正处在实现民族复兴的关键阶段,面临着前所未有的机遇和挑战。在这一背景下,传承和弘扬中华优秀传统文化,对于增强全民族的凝聚力、向心力,坚定文化自信,具有重大现实意义。通过在社会各领域广泛开展优秀传统文化教育,可以让人们充分认识和理解中华文明的深厚底蕴,增强对民族文化的认同感和归属感。同时,创新性地转化和运用传统文化中的优秀元素,又能为社会主义先进文化注入历久弥新的活力,使社会主义先进文化焕发出更加璀璨夺目的时代光彩。

此外,加强中华优秀传统文化的国际传播,也是增强民族自豪感、提升国家文化软实力的重要途径。随着我国综合国力和国际地位的提升,全球对中华优秀传统文化的兴趣和需求日益增长。通过多种形式讲好中国故事,展现中华优秀传统文化魅力,不仅能够增进国际社会对中华文明的了解和认同,还能为人类文明进步贡献中国智慧,展现大国风范。

(三)全球化背景下的文化对话与交流

全球化为中华优秀传统文化在全球范围内的传播与交流提供了前所未有的机遇。一方面,中国经济实力的快速提升和国际影响力的不断扩大,为中华优秀传统文化"走出去"奠定了坚实的物质基础。越来越多的中国企业走向世界,在海外投资兴业,这无疑增加了中华优秀传统文化在全球展示的平台。另一方面,信息技术的迅猛发展,特别是互联网的普及应用,打破了地域和时空的限制,极大地拓宽了文化交流的渠道。借助网络这一载体,中华优秀传统文化能够跨越国界,以更加生动、直观的方式走进世界各国人民的视野。

全球化语境下,中华优秀传统文化在海外传播呈现出多元化的特点。不同国家和地区的民众基于各自的文化背景、价值观念和审美情趣,对中华优秀传统文化的认知和理解存在差异。这就要求文化"走出去"必须立足当地实际,采取因地制宜的传播策略。在欧美发达国家,中华优秀传统文化可以通过高雅艺术、学术交流等方式吸引知识分子,从而展现其深厚的人文底蕴;在东南亚等华人聚居区,中华文化可以依托当地华人华侨,开展丰富多彩的民俗活动,唤起文化认同感;在非洲、拉美等发展中国家,中华优秀传统文化可以结合当地需求,提供务实的文化服务,彰显其现实关怀。这种多元化的传播模式有助于中华优秀传统文化在不同文化语境中"落地生根",获得更广泛的认同与接纳。

在文化"走出去"的过程中,也要主动吸收借鉴其他文明的优秀成果。文化交流从来都不是单向的输出,而是多元文化之间平等、互鉴的对话。中华传统文化要真正立足世界舞台,就必须秉持海纳百川的开放胸襟,积极学习其他民族的思想智慧,在交流中不断丰富自身的内涵。只有坚持"拿来主义"与"走出去"相结合,在继承创新中实现转化升华,中华优秀传统文化才能真正焕发出蓬勃生机,为人类文明进步贡献智慧。

第二章 中华优秀传统文化课程的主要内容

第一节 经典文化与文学教育

一、经典文化的解读

(一)经典文化的深层文化意涵挖掘

经典文化是中华文明历经千百年发展沉淀而成的宝贵财富,蕴含着深刻的价值观念和思想智慧。这些价值观念不仅反映了古人对人生、社会、自然的认知和思考,还承载着中华民族的精神追求和道德理想。因此,挖掘经典文化背后的深层价值内涵,对于传承中华文明、弘扬民族精神、涵养社会道德具有重要意义。

要理解经典文化的价值观念,首先需要将其置于特定的历史语境中考察。每一部经典著作都是特定时代的产物,深受当时社会政治、经济、文化等因素的影响。因此,不能脱离历史语境,以今天的观念和标准去评判古人,而应该立足于当时的时代背景,去体察古人的心路历程和思想脉络。唯有如此,才能真正领会经典文化中蕴含的智慧和精髓。

经典文化中的价值观念虽然源于古代,但其智慧和启示却是恒久常新的。在儒家"仁"的观念中,可以汲取"己所不欲,勿施于人"的处世哲学,培养宽厚仁爱、推己及人的道德情操。在道家"道法自然"的思想中,可以领悟人与自然和谐共生的生态理念,树立尊重自然、顺应自然的价值观念。这些思想不仅为个人的修身立德提供了智慧指引,还为构建和谐社会、人与自然和谐共处提供了文化内涵。

(二)经典文化的历史语境重建

经典文化在不同历史阶段的演变过程是一个动态而复杂的过程,需要我们从多角度、多层面进行探究。经典文化的内涵和外延一直在不断发展变化。随着时代的推移,人们对经典文化的理解和诠释也在不断深化和拓展。一些曾经被忽视或边缘化的文化元素可能会在新的历史条件下被发掘出来,成为经典文化的重要组成部分。同时,一些过去被视为经典的文化遗产可能会因为不再适应时代需求而逐渐失去其"经典"地位。这就要求我们对经典文化保持开放和包容的态度,既要尊重传统,又要与时俱进。

经典文化在不同历史阶段的传播方式也在发生变化。在古代,经典文化主要依托于口耳相传和书籍传抄,其传播范围和影响力相对有限。而随着印刷技术的发明和普及,经典文化得以广泛传播,其受众群体也日益扩大。进入现代社会后,新媒体技术的迅猛发展为经典文化的传播提供了更加便捷、多样化的渠道。数字化、网络化使经典文化资源能够被更多人共享和利用,同时也对经典文化的传承和发展提出了新的挑战。如何在新的技术条件下创新经典文化的传播方式,让优秀传统文化走进现代人的生活,成为当前人们必须思考和探索的重要课题。

不同历史时期的社会变迁和文化交流也深刻影响着经典文化的发展轨迹。任何一种文化都不是孤立存在的,而是在与其他文化不断交流融合中得以丰富和发展。中华经典文化在历史上曾多次与域外文明发生碰撞和交流,这些跨文化互动促进了中华文明的多元包容和创新发展。即使在相对封闭的时期,区域之间、朝代之间的文化交往也从未停止,不同地域、不同时代的先贤们通过对话和争鸣,推动着经典文化的发展和演化。只有立足本民族优秀文化传统,同时以海纳百川的胸怀兼收并蓄、博采众长,才能推动中华经典文化在创造性转化和创新性发展中实现新的飞跃。

不同历史时期的社会变革也对经典文化产生了深远影响。经典文化的发展从来都不是一帆风顺的,在某些历史阶段可能会面临种种困境和挑战。比如,在某些社会转型期和思想解放期,经典文化可能会被质疑和批判,其权威性和指导意义也可能受到冲击。对此,我们既不能简单地抵制和排斥,也不能盲目地随波逐流,而是要在批判继承中推陈出新,在古为今用中赓续文脉。只有历经质疑的洗礼,在社会实践中不断证明自身价值,经典文化才能历久弥新、永葆生机。

(三)经典文化对现代生活的启示

经典文化作为中华文明的精髓,在现代社会生活中依然发挥着重要作用。它不仅为我们提供了丰富的精神食粮,滋养着现代人的心灵,还在价值观念、生活方式、思维模式等方面潜移默化地影响着当代社会。

在价值观念方面,经典文化所倡导的"仁、义、礼、智、信"等传统美德,为现代人的道德建设提供了重要参照。这些美德强调个人修养与社会责任的统一,鼓励人们以高尚的品德和正直的人格处世立业。在现代社会,虽然人们的生活方式发生了巨大变化,但是这些传统美德依然是社会运转的道德基础,为人际交往、职业道德、家庭伦理等提供了行为准则和价值尺度。

在生活方式方面,经典文化中蕴含的中庸之道、天人合一等哲学理念,为现代人追求健康、平衡、可持续的生活方式提供了智慧启迪。中庸之道强调不偏不倚、适度适中的处世原则,教导人们在物质生活和精神追求之间寻求平衡,避免陷入极端,或矫枉过正。天人合一的理念则强调人与自然的和谐共生,启发人们尊重自然规律,与环境和谐相处。在现代社会,这些理念对于纠正拜金主义、享乐主义等不良风气,引导人们追求健康、节制、环保的生活方式具有重要意义。

在思维模式方面,经典文化所倡导的辩证思维、整体观念等,对于拓宽现代人的思维视野、提高思辨能力大有裨益。辩证思维强调全面地、发展地、联系地看问题,揭示事物的内在联系和矛盾转化。这种思维方式有助于人们超越片面、静态、孤立的认识,树立动态、开放、系统的观念。整体观念则要求从整体和全局的高度审视问题,统筹兼顾、协调各方,化解对立和矛盾。在现代社会,这些思维方式无论是对于个人生活还是对于组织管理,都具有重要的启示意义,有助于人们以更加智慧和睿智的态度应对复杂多变的现实挑战。

二、古典文学作品的欣赏

(一) 文学美学鉴赏

中国古典文学蕴含着丰富的美学内涵,是中华民族悠久文化传统的重要组成部分。通过对古典文学作品的鉴赏,不仅能够领略古人的才情和风雅,还能培养学生的审美情趣和人文素养。在中华优秀传统文化课程中,分析古典文学作品的艺术特色与审美价值,对于传承民族文化、提升学生综合素质具有重要意义。

古典文学作品的艺术特色体现在语言的精练和意境的营造上。古人在创作时十分注重字词的推敲和锤炼,力求用最简洁、最精准的语言表达最丰富、最深刻的情感。诗词更是讲究声律之美,通过平仄、对仗等手法,营造出悠扬婉转、荡气回肠的艺术效果。例如,李白的《望庐山瀑布》中"飞流直下三千尺,疑是银河落九天"一句,将瀑布的磅礴气势和天上人间的遐想描绘得淋漓尽致。通过对名句的品读,学生不仅能够感受到语言的魅力,还能领悟到中国古典诗词意境美的精髓。

古典文学作品的叙事结构和人物塑造也彰显着独特的艺术魅力。《红楼梦》运用大量笔墨刻画了贾、王、史、薛四大家族的兴衰命运,勾勒出封建社会的百态人生。其叙事结构采用网络式,将人物的性格特点与命运际遇有机融合,展现出对人性的深刻洞察和对现实的批判态度。《西游记》则运用神话传说、道教典故等元素,塑造了孙悟空、猪八戒、沙僧等个性鲜明的形象,寓意深刻而又引人入胜。通过讲解这些名著的叙事特点和人物形象,学生能够掌握文学作品分析的基本方法,提高文学鉴赏能力和人文素养。

古典文学作品所蕴含的价值观念和人生智慧,更是其审美价值的重要体现。《论语》中"学而时习之,不亦说乎?有朋自远方来,不亦乐乎?"一句,道出了孔子"好学""乐教"的治学态度和待人之道,体现了儒家"修身、齐家、治国、平天下"的理想追求。杜甫的《登高》中"会当凌绝顶,一览众山小"一句,抒发了诗人不畏艰险、勇攀高峰的进取精神,以及卓然独立、兼济天下的豪情壮志。通过品味这些蕴含哲理的名句,学生能够从中领会中华优秀传统文化的精神内核,树立正确的价值观念和人生态度。

中国古典文学博大精深,从诗词歌赋到小说戏曲,每部经典作品都闪耀着艺术之美和智慧之光。在中华优秀传统文化课程中,教师应精心挑选富有代表性的作品进行讲解,引导学生在鉴赏语言技巧、叙事结构、人物形象的同时,揣摩作品背后的思想内涵和人文精神。只有深入领会古典文学的艺术特色和审美价值,才能真正传承和弘扬中华民族的文化瑰宝,增强文化自信和民族凝聚力。

(二)名著案例分析

中国古典文学名著作为中华文化的瑰宝,蕴含着丰富的历史、哲学、美学内涵,对于培养学生的人文素养和价值观念具有重要意义。在中华优秀传统文化课程中,教师应精心选取具有典型性和代表性的名著案例,引导学生深入解读其思想内涵,领悟古人的智慧与情怀。

《论语》作为儒家思想的集大成之作,是中国古典文学名著中的典范。通过选取《论语》中的经典章节,如"学而时习之,不亦说乎""吾日三省吾身"等,教师可以引导学生体会孔子"好学""慎独"的治学态度和修身理念。同时,通过对比分析《论语》中不同弟子的言行,学生能够深刻领悟"因材施教""举一反三"等教育智慧,加深对儒家文化的理解和认同。

《红楼梦》以其复杂的人物关系、曲折的故事情节,展现了封建社会的百态人生。通过选取宝黛初见、刘姥姥进大观园等经典片段,教师可以引导学生分析人物性格,体悟情节背后的社会意蕴。同时,通过赏析《红楼梦》中诗词曲赋的艺术美,学生能够提升自身的文学审美能力,领略中国古典文学的魅力。

《西游记》作为中国古代神魔小说的代表,塑造了深入人心的师徒四人形象。通过选取三打白骨精、真假美猴王等故事情节,教师可以引导学生分析人物形象的丰富内涵,如孙悟空的机智勇敢、仁义忠诚等。通过探讨《西游记》中所蕴含的"四人同心,合力断金"等哲理,学生能够领悟团结协作、众志成城的精神价值。

除了经典名著,优秀的古典诗词也是提取教学案例的重要来源。例如,苏轼的"人生如逆旅,我亦是行人"体现出诗人旷达、豁达的人生态度;陆游的"死去元知万事空,但悲不见九州同"表达了诗人忧国忧民、至死不渝的爱国情怀。通过引导学生品味诗句、感悟诗意,教师可以帮助其树立积极向上的人生观、价值观。

(三)跨文化视角解读

跨文化视角下的文学作品解读,旨在比较不同文化背景下的文学表达和接受方式,探讨文化差异对文学创作和欣赏的影响。这种比较研究有助于学生突破单一文化视域的局限,以更加开阔的视野审视文学作品的内在价值和审美特征。

从创作主体来看,不同文化背景下的作家,其世界观、人生观、价值观必然存在差异。这种差异深刻影响着作家对现实的感知方式、情感表达方式和艺术表现方式。比如,中国古典文学传统中,"文以载道"的创作理念根深蒂固,文学作品往往担负着弘扬伦理道德的使命;而西方文学传统更加强调个人主义色彩,重视个体的情感表达和价值追求。这种文化差异必然导致中西方文学在主题、风格上呈现出明显的区别。

从接受主体来看,不同文化背景下的读者,其阅读期待、审美情趣、价值判断也大相径庭。由于文化背景和生活经验的差异,读者对同一文本的解读往往千差万别,甚至南辕北辙。例如,鲁迅的小说《阿Q正传》在中国读者眼中,是对国民劣根性的深刻揭露和沉痛批判,但在一些西方读者看来,阿Q形象却可能被理解为个人反抗强权的悲剧英雄。造成这种解读差异的根源,就在于中西方读者的文化视域和价值观念不同。

跨文化文学研究还应关注不同文化语境下的文学翻译问题。文学作品在跨语言传播的过程中,难免面临"信"与"达"的两难抉择。译者要在忠实再现原作内涵和迎合译入语读者阅读习惯之间寻求平衡,这对其文化修养和语言驾驭能力都提出了很高的要求。优秀的文学翻译,不仅能够促进不同民族文学的交流互鉴,还能生成独特的文化意蕴和审美价值。

三、诗词歌赋的学习与创作

(一)诗词歌赋韵律美学

诗词歌赋是中国传统文学的瑰宝,其韵律美学不仅体现在音韵的和谐悦耳,还蕴含着丰富的情感表达和审美追求。掌握传统诗词歌赋的韵律规则和美学特点,对于深入理解中华优秀传统文化、提升学生的人文素养具有重要意义。

从音韵角度来看,诗词歌赋遵循严格的平仄、押韵等规则。平仄指的是字音的高低起伏,押韵则是指句末字的韵脚一致。这些韵律规则使诗词歌赋在吟诵时,能够产生抑扬顿挫、朗朗上口的美妙效果。同时,诗词歌赋还运用了对仗、双声、叠韵等修辞手法,通过字音的巧妙搭配,营造出和谐统一、音韵铿锵的艺术效果。学生通过反复吟诵、品味,能够直观地感受到中国语言的音乐美,培养语言的节奏感和韵律美。

从情感表达的角度来看,诗词歌赋通过韵律的起伏变化,抒发作者的喜怒哀乐和理想抱负。在悠扬的音乐旋律中,作者的情感被充分表达和放大。例如,李白的"长风破浪会有时,直挂云帆济沧海",通过排山倒海般的气势,表达了诗人心中勇往直前、乘风破浪的豪迈情怀。又如,苏轼的"竹杖芒鞋轻胜马,谁怕?一蓑烟雨任平生",以闲适淡然的韵调,抒发了诗人超脱飘逸、洒脱旷达的情怀。学生在反复吟诵中,能够深切感受到作者的情感世界,产生强烈的情感共鸣,进而提升自身的情感体验和表达能力。

从审美追求的角度来看,诗词歌赋的韵律美学体现了中国传统文化追求意境美和内在和谐美的审美理念。诗词歌赋往往不拘泥于对客观事物的描摹,而是着眼于营造意境,表达诗人的主观感受。例如,王维的"空山新雨后,天气晚来秋。明月松间照,清泉石上流",通过明月、松间、清泉等意象的描绘,营造出了一种空灵幽静、清新脱俗的意境,引发读者的无限遐想。再如,李清照的"寻寻觅觅,冷冷清清,凄凄惨惨戚戚",通过重叠词的使用,将一种凄清孤寂、冷落凄惨的意境渲染得入木三分,给人以强烈的美感体验。学生通过对这些名篇佳作的反复吟诵、赏析,能够领略到中国古典诗词意境美的精髓,提升自身的审美情趣和鉴赏能力。

(二)诗歌歌赋创意写作指导

诗词歌赋的创作是中国古典文学的重要组成部分,蕴含着丰富的文化内涵和审美价值。在中华优秀传统文化课程中,引导学生通过模仿和改编经典作品来进行个性化创作,不仅能够提高他们的文学素养和语言表达能力,还能激发其创新意识和审美情趣。

在创意写作指导中,教师应着重引导学生理解和掌握诗词歌赋创作的基本规律和技巧。这包括平仄韵律、对仗工整、意象生动、情感真挚等方面。通过示范和讲解,帮助学生领会这些技巧在实际创作中的运用,使其写作更加规范、语言更加优美。同时,教师还要鼓励学生在创作中融入自己的情感体验和生活感悟,表达独特的个性化风格。

在模仿和改编经典作品的过程中,学生能够深入理解古人的创作心理和艺术手法,更能在此基础上进行创新和突破。教师可以引导学生从不同角度、不同侧面对原作进行解构和重组,并结合当代生活实际进行再创造。这种模仿与创新相结合的写作训练,能够拓展学生的思维空间,提升其文学创造力。

为了激发学生的写作兴趣和动力,教师还可以开展多样化的教学活动,如诗词歌赋创作比赛、吟诵会、赏析会等。在这些活动中,学生不仅能够展示自己的才华,而且能相互欣赏、切磋琢磨,在交流碰撞中提高创作水平。此外,教师还可以引导学生利用信息技术手段,如诗词创作软件、在线平台等,拓宽创作渠道,提高创作效率。

诗词歌赋创作不仅是一种文学训练,还是一种情感陶冶和审美熏陶的过程。在创作中,学生能够感受到中华文化的博大精深,体会到古典诗词独特的语言魅力和艺术价值。这种审美体验能够潜移默化地影响学生的人格塑造,培养其高尚的情操和品格。因此,创意写作指导不仅要注重技巧的传授,还要引导学生在创作中感悟人生、陶冶情操,实现学生的全面发展。

在中华优秀传统文化课程中开展创意写作指导,引导学生通过模仿和改编经典诗词歌赋进行个性化创作,是一种富有成效的教学实践。在新时代背景下,创新诗词歌赋教学,对于传承和弘扬中华优秀传统文化,培养担当民族复兴大任的时代新人,具有重要意义。

四、经典文化与人文素养的培育

(一)道德修养熏陶

经典文化对个人道德修养的塑造有着潜移默化而深远的影响。作为中华民族的智慧结晶和精神财富,经典文化中蕴含着丰富的道德教化内容,体现了中华民族的价值追求和道德理想。通过对经典文化的学习和领悟,个人能够形成正确的价值观念,陶冶高尚的道德情操,养成良好的行为习惯,从而实现道德品质的提升。

经典文化中蕴含着丰富的育人资源。儒家思想是中国传统文化的核心,它以"仁"为最高道德准则,倡导"忠恕"之道,强调"修身、齐家、治国、平天下"。《论语》《大学》《中庸》等儒家经典,集中体现了这些思想理念。儒家"仁爱""正义""中和"的思想,成为塑造个人品德的重要养料。而道家"道法自然""清静无为"的美学追求,又为个人的心灵修养提供了另一种视角。此外,墨家"兼爱""非攻"的思想、法家"明法理"的思想等,也都对个人道德发展具有重要启示。通过对这些经典文化的学习,个人能够汲取道德养分,形成崇高的精神追求。

除思想内涵外,经典文化也为个人道德修养提供了直观的行为楷模。例如,《左传》中的管仲,在位时"国富兵强",却能做到"胜不骄,败不惧"。而《世说新语》载陶渊明"不为五斗米折腰",展现了其高尚脱俗的人格魅力。经典作品中这样的人物形象比比皆是,如伯夷、叔齐"不贪荣利",颜回"一箪食,一瓢饮",范仲淹"先天下之忧而忧,后天下之乐而乐"等。这些人物以自身操守和品行为后世树立了道德典范,成为后人效仿的对象。通过学习他们的高尚品质,个人能够砥砺道德操守,锤炼意志品质。

经典文化不仅为个人道德修养提供了丰富滋养,还为道德教育实践提供了有益启示。在传统文化熏陶下成长起来的先贤,十分注重对后代的品德教育。如孔子主张"慎终追远,民德归厚"。《大学》提出"自天子以至于庶人,壹是皆以修身为本"。经典著作《朱子家训》《颜氏家训》等,则从家庭伦理的角度强调了道德教化的重要性。这些思想无不彰显了个人修养在道德建设中的重要作用。

(二)知识涵养与情感陶冶平衡

经典文化博大精深,蕴含着丰富的思想内涵和道德教诲。在传统文化教育中,知性追求与情感陶冶是不可或缺的两个方面。

一方面,经典文化能够满足学生的求知欲望,开阔其视野,提升其文化修养。通过对经典著作的研读和品鉴,学生能够了解中华文明的悠久历史,领略古圣先贤的智慧结晶,汲取优秀传统文化的精华。这种知性的探索和追求,能够帮助学生形成正确的人生观和价值观,为其未来的发展奠定坚实的文化基础。

另一方面,经典文化还蕴含着丰富的情感因素,能够陶冶学生的心性,塑造其高尚的品格。许多经典著作不仅言之有物,而且言之有情,字里行间流淌着作者深沉的情感和真挚的思想。通过对这些作品的反复吟诵和体悟,学生能够感受到古人博大深厚的情怀,领悟人性之美、情感之美。这种情感的滋养和熏陶,能够净化学生的心灵,提升其道德情操,使其形成健全的人格和良好的个性品质。

在实际教学中,教师应注重知识传授与情感培育的有机结合,引导学生在理性认知的基础上产生情感共鸣。一方面,教师要深入挖掘经典著作中蕴含的知识内涵,帮助学生理解和掌握传统文化的核心要义,拓宽其知识视野。同时,教师要引导学生关注作品背后的情感世界,感悟作者的情感体验和心路历程。另一方面,教师要创设适宜的教学情境,营造良好的课堂氛围,激发学生的情感共鸣。例如,教师可以通过吟诵、讲解、表演等多种形式,将经典著作的情感内涵生动地呈现出来,引导学生如临其境地感受和体验。

此外，教师还应鼓励学生结合自身的生活实践，对经典文化进行创造性的转化和应用。学生只有将知识内化为自身的修养，并在实践中加以践行，才能真正实现情感的升华和品格的塑造。例如，教师可以引导学生将经典著作中的道德准则应用到现实生活中，处理好人际关系，培养高尚的情操；又如，教师可以鼓励学生创作与经典文化相关的诗词、散文等，在创作过程中抒发自己的情感体验，提升文学修养。

（三）传统文化融入现代教育

随着全球化进程的不断加深，多元文化交流日益频繁，如何在现代社会语境下继承和弘扬优秀传统文化，实现优秀传统文化的创造性转化和创新性发展，已经成为教育界和文化界的共同责任。中华优秀传统文化是中华民族的精神命脉，蕴含着丰富的哲学思想、人文精神、道德规范和审美理念。将传统文化融入现代教育，对于树立文化自信、坚定民族自豪感、培育时代新人具有重要意义。

从课程构建的角度来看，将传统文化元素有机融入各学科教学，是实现传统文化与现代教育有效对接的关键路径。教师应深入挖掘各学科蕴含的传统文化内涵，将其与学科知识体系相结合，构建具有鲜明传统文化特色的课程体系。以语文学科为例，教师可以通过精选经典文学作品，引导学生品味传统文学的语言魅力和人文内涵，感悟先贤的智慧和情怀。在艺术学科教学中，教师可以引入传统艺术形式，如国画、书法、戏曲等，帮助学生领略传统艺术的独特魅力，提升其艺术修养和审美情趣。通过学科渗透，使优秀传统文化在现代教育中焕发新的生机与活力。

从教学实施的角度来看，创新教学方法和途径是推动优秀传统文化融入现代教育的重要抓手。教师应立足学生的认知特点和兴趣爱好，采用多样化、互动性强的教学方式，提高优秀传统文化教学的吸引力和感染力。例如，教师可以充分利用信息技术手段，开发优秀传统文化主题的多媒体课件、虚拟现实等数字化教学资源，为学生创设身临其境的学习体验。又如，教师可以组织以优秀传统文化为主题的社会实践活动，引导学生走进博物馆、非遗传习所等场所，使学生亲身体验优秀传统文化的魅力,提升文化认同感。通过创新教学方法,让学生在潜移默化中接受优秀传统文化的熏陶,实现知行合一、学以致用。

从教育生态的角度来看,构建传统文化教育的良性互动机制是实现优秀传统文化与现代社会融合的重要保障。学校应加强与家庭、社区等多方力量的协同配合,共同营造传承弘扬优秀传统文化的良好氛围。例如,学校可以定期举办以优秀传统文化为主题的校园活动,邀请家长和社区代表参与,增进各方对优秀传统文化的认识和理解。又如,学校可以与文化机构、非遗传承人等建立长效合作机制,为师生提供优秀传统文化学习和体验的平台。通过构建教育生态,形成学校、家庭、社会协同育人的合力,为优秀传统文化注入新的时代动力。

第二节 传统美德与品德教育

一、传统美德的内涵与重要性

(一)传统美德的内涵

传统美德是一个民族历史文化的结晶,其丰富内涵体现了人们对理想人格和高尚品行的不懈追求。作为个人修养的重要内容,传统美德强调以德立身、以德服人,致力于在日常生活中践行诚实守信、孝悌忠良等道德准则,塑造健全人格。同时,传统美德也是维系社会和谐稳定的基石。它倡导仁爱友善、互帮互助的处世之道,引导人们形成崇德向善的价值取向,为构建文明有序的社会提供了道德支撑。

从个人层面看,传统美德的内化有助于提升个人道德素养,实现自我完善。如诚实守信是立身之本,诚信的品格能够赢得他人的信任和尊重,为个人在社会中的立足发展奠定基础。勤俭节约、艰苦奋斗的美德,则能够激励个人不畏艰难、砥砺前行,最终实现自身价值。

从社会层面看,传统美德是涵养社会道德风尚的重要途径。它所倡导的忠孝仁义、礼义廉耻等理念,为社会提供了基本的行为规范和道德约束。人们只有在日常交往中恪守美德、履行义务,才能营造出互信互助、安定有序的人际关系和社会环境。

传统美德的生命力在于其能够因时而变、与时俱进。在社会发展的不同阶段,传统美德的内涵也在不断丰富和发展。在现代社会,诚信、责任、敬业等品德更加彰显其重要价值。诚信是社会信用体系建设的道德基础,失信行为会损害公共利益,破坏经济社会秩序。而敬业奉献的精神,则是推动社会进步的力量源泉。个人唯有恪尽职守、勇于担当,才能在平凡的工作岗位上创造不平凡的业绩。

弘扬传统美德既要继承优良道德传统,又要立足时代发展需要,赋予其新的时代内涵。当前,我们更加强调社会主义核心价值观与中华传统美德的有机结合,在继承中华传统美德精华的同时,吸收现代文明的优秀成果,努力构建具有时代精神、中国特色的道德体系。在此过程中,学校、家庭、社会各方面必须形成合力,在生活实践中引导学生积极践行传统美德,使之内化于心、外化于行,成为新时代国民素质提升的重要内容。

(二)传统美德的现实意义

传统美德不仅体现了我们民族的价值追求,还是维系社会和谐稳定的重要基石。在当前社会转型期,物质生活水平不断提高的同时,人们的道德观念却出现了一定程度的滑坡。拜金主义、享乐主义盛行,诚信缺失、见利忘义的现象屡见不鲜。面对这些道德失范问题,重拾和弘扬传统美德,对于提升社会道德水平,维护社会秩序具有重要意义。

传统美德蕴含着丰富的道德智慧,为人们树立了崇高的道德标准。"仁、义、礼、智、信"等传统美德核心理念,体现了中华民族对个人修养和社会关系的基本要求。"仁"强调仁爱之心,教导人们以博爱、宽容的胸怀对待他人;"义"倡导正义、责任,要求人们恪守道义,勇于担当;"礼"讲究礼仪、谦恭,引导人们遵循社会规范、尊重他人;"智"重视学识、睿智,鼓励人们不断学习,提升自我;"信"强调诚实、守信,要求人们诚实做人,言行一致。这些道德理念中所蕴含的价值追求是恒久不变的。以此作为行为准则,有助于个人形成高尚的品格,社会形成良好风尚。

传统美德还为处理人际关系提供了行为指引。中国传统文化注重人伦秩序,强调个人应尽的道德责任。"孝悌忠信,礼义廉耻"八德表明,做人应当孝敬父母、友爱兄弟、忠于职守、诚实守信、谦恭有礼、正直廉洁。这些品德要求既是个人修身的标准,又是维系家庭和睦、社会和谐的准则。在现实生活中践行这些美德,人们就能正确处理个人与他人、个人与集体的关系,形成互帮互助、和衷共济的良好风气。这不仅有助于构建和谐的人际关系,还能为社会的安定团结提供道德支撑。

在社会转型期,人们的价值观念更加多元,道德选择也愈发自主。然而,无论时代如何变迁,崇德向善的道德追求都应成为社会的主流价值取向。而传统美德正是凝聚着中华民族美好道德理想的结晶,是指引人们向善行义的明灯。因此,我们要在革故鼎新中继承和发扬优秀传统美德,用其涵养社会道德。学校应将传统美德教育纳入道德教育体系,引导学生感悟中华美德的深刻内涵;社会应营造学习弘扬传统美德的浓厚氛围,树立德行楷模,用生动形象的方式展示美德风范;个人则要加强道德修养,将传统美德内化为精神追求,外化为实际行动。

传统美德绝非仅存在于书卷典籍之中的抽象概念,而应成为引领社会道德风尚、规范公民道德行为的现实力量。只有从个人做起,从身边小事做起,在日常言行中践行传统美德,让"仁、义、礼、智、信"成为全社会的价值共识和行为准则,才能汇聚起提振社会道德的磅礴力量,共同推进社会文明进步。在新的历史条件下弘扬传统美德,对于提升国民道德素质,涵养社会主义核心价值观,具有重要的现实意义。

二、美德故事与人物传记的学习

(一)美德故事的教育功能

美德故事是中华优秀传统文化的重要组成部分,在个人品格塑造和社会价值观引导中发挥着不可替代的作用。美德故事以生动具体的人物形象和曲折动人的情节,将深奥的道德哲理转化为通俗易懂的生活智慧,使学生在潜移默化中接受道德熏陶,形成积极向上的人生观和价值观。

从内容上看,美德故事蕴含了中华民族传统美德的精髓。无论是"精忠报国"的岳飞,还是"舍生取义"的董存瑞,抑或是"仁爱孝悌"的曾参,他们都用自己的言行诠释了忠孝仁义等传统美德的深刻内涵。这些美德不仅是中华民族的宝贵精神财富,还是当代社会公民必备的道德素养。通过学习美德故事,学生能够领悟中华优秀传统美德的真谛,将其内化为自身修养,外化为道德实践,为未来成长为有理想、有道德、有文化、有纪律的社会主义建设者和接班人奠定坚实基础。

从形式上看,美德故事具有鲜明的教育意义和感染力。与枯燥的说教相比,美德故事往往采用活泼生动的叙事方式,通过对人物命运的刻画、对矛盾冲突的渲染,引发学生的情感共鸣和道德思考。同时,美德故事还蕴含着丰富的想象空间,学生可以跟随故事情节展开想象,体验人物的喜怒哀乐,感悟人生的真谛。这种沉浸式、互动式的阅读体验,能够激发学生的道德情感,唤起他们对美好品格的向往和追求,使美德教育更加深入人心。

从载体上看,美德故事是开展美德教育的重要资源。一方面,美德故事可以与语文、历史、道德与法治等学科教学有机结合,成为课堂教学的生动案例和素材。教师可以围绕美德故事设计一系列教学活动,引导学生品析人物、探究主题、畅谈感悟,在与经典的对话中提升道德修养。另一方面,美德故事还可以成为校园文化建设的重要内容。学校可以通过举办故事会、朗诵会、演讲比赛等形式,营造崇德向善的校园氛围。学生在参与活动的过程中,不仅能够加深对美德内涵的理解,还能锻炼语言表达、沟通协作等能力。

在学习美德故事的过程中,教师应注重引导学生辩证地看待故事内容。美德故事虽然蕴含着丰富的道德智慧,但也不可避免地带有一定的时代局限性。因此,教师应鼓励学生用发展的眼光、批判的态度去分析故事,区分其中的精华和糟粕,吸收有益的道德营养,摒弃落后的思想观念。只有坚持古为今用、推陈出新,才能使美德故事真正成为滋养心灵、启迪人生的精神食粮。

(二)人物传记的启发作用

通过学习优秀人物的生平事迹,学生能够领悟他们所秉持的高尚品格和崇高理想,从而树立正确的人生观和价值观。历史长河中涌现出无数可歌可泣的杰出人物,他们或是怀揣家国情怀、致力于民族复兴的仁人志士,或是孜孜以求、不断开拓进取的科学巨匠,抑或是淡泊名利、无私奉献的道德楷模。这些人物身上所展现出的爱国精神、求真务实的科学态度、崇高的道德情操,无一不值得当代人学习和传承。

阅读人物传记,能够使学生学会以历史的眼光和发展的视角来审视个人的奋斗历程。通过解读他们跌宕起伏的人生经历,学生得以洞察时代的烙印、社会的变迁对个人命运的深刻影响。他们在面对苦难磨砺、重大抉择时所表现出的应对之策、心路历程,为后人留下了宝贵的精神财富。这种对个人奋斗历程的历史化解读,有助于学生从更广阔的时空维度中汲取智慧和力量,以更加坚定的信念和执着的毅力投身于自己的事业。

人物传记不仅是历史的缩影,还蕴含了丰富的哲学内涵和人文思考。许多优秀人物虽然身处不同时代、从事不同领域的工作,但他们对人生意义、个人价值的探索却是相通的。阅读传记,让学生得以超越时空的界限与往哲先贤对话,感悟他们对于道德伦理、社会理想、人生哲学的深邃思考。这些思想火花能够唤起学生对人生意义的追问、对社会责任的反思,激励学生在平凡的生活中彰显非凡的人生价值。

人物传记还是一面映照当代社会的明镜。历史是过去和现在的对话,古人今人也是在不断交流中达成心灵的契合。当学生阅读前人的传记,常常会发现许多经验教训依然适用于今天。以史为鉴,以古喻今,正是人物传记的重要价值所在。它为学生思考个人与社会、个人与国家的关系提供了有益启示,促使学生以更加开阔的视野及从历史中获取的智慧来应对复杂多变的现实挑战。

三、美德教育的校园普及与推广

(一)校园文化建设中的美德渗透

营造良好的校园文化氛围是推进美德教育的关键环节。校园文化作为学校育人环境的重要组成部分,对学生的道德品质形成具有潜移默化的影响。一所学校的文化氛围不仅体现了其独特的精神风貌和价值追求,也反映了师生的思想状态和行为方式。因此,要将美德教育真正落到实处,学校必须高度重视校园文化建设,努力营造良好的道德教育环境。

学校应该将美德教育理念融入校园文化建设的各个方面。这就要求学校在制定发展规划、设计办学理念时,应明确将美德教育作为重要内容,并将其贯穿于学校管理、教学活动、校园生活的方方面面。同时,学校还应该制定切实可行的美德教育实施方案,明确美德教育的目标、内容和途径,为营造良好的道德教育环境提供制度保障。

学校应该充分发掘和利用各种教育资源,丰富美德教育的载体和形式。一方面,学校可以利用校园环境营造美德教育氛围,如在校园内设置美德教育标语、橱窗,张贴名人名言,展示优秀学生事迹等,使学生时时处处能够感受到美德教育的熏陶。另一方面,学校还可以组织形式多样的美德教育活动,如开展道德讲座、举办美德故事会、组织志愿服务等,引导学生在实践中内化美德,提升道德修养。

教师作为美德教育的践行者,在营造道德教育环境中发挥着关键作用。教师不仅要以身作则,言传身教,还要在教学中渗透美德教育,引导学生树立正确的价值观。同时,教师还应该与学生建立良好的师生关系,通过潜移默化的影响,引导学生形成高尚的道德品质。此外,教师还应该与家长密切配合,形成学校、家庭、社会协同育人的合力,共同为学生的健康成长创造良好的环境。

学校还应该建立健全美德教育的评价机制,激励师生积极参与美德教育实践。一方面,学校要制定科学合理的美德教育评价标准,全面考查学生的道德认知、情感、意志和行为表现。另一方面,学校还要建立激励机制,对在美德教育中表现突出的师生给予表彰和奖励,以激发师生参与美德教育的积极性和主动性。

(二)美德教育的创新实践

美德教育的创新实践需要在活动设计和课程实施两个层面同步推进。在活动设计方面,教育工作者应充分挖掘中华优秀传统文化中蕴含的道德智慧和教化资源,结合学生的年龄特点和认知水平,精心设计寓教于乐的教育活动。比如,可以组织学生参与传统节日的庆祝活动,在亲身体验传统文化魅力的同时,潜移默化地感受其中蕴含的道德理念;又如,可以开展诵读经典、辩论讨论等活动,引导学生在经典诵读中感悟传统美德,在交流碰撞中内化道德品质。

课程实施则需要将美德教育有机融入各学科教学之中。教师应该审视学科知识体系,发掘其中蕴含的道德教育元素,在传授知识技能的同时,引导学生形成正确的价值观念。比如,语文教师可以选择富有道德内涵的文学作品作为教学素材,引导学生在鉴赏过程中感悟作品所蕴藏的人生智慧和道德境界;历史教师可以梳理历史发展脉络,引导学生从历史事件和历史人物中汲取道德养分,培养其家国情怀和社会责任感。

创新美德教育实践,还需要注重发挥学校、家庭、社会三方面的协同作用。学校是美德教育的主阵地,要将美德教育渗透到学校管理和校园文化建设的方方面面;家庭是学生道德发展的第一课堂,家长要率先垂范,在日常生活中言传身教,帮助孩子形成良好的行为习惯;社会则要营造良好的舆论氛围,树立道德楷模,发挥榜样示范作用。只有三位一体,形成合力,美德教育的成效才能真正显现。

评价机制的科学合理也是美德教育创新实践的重要保障。传统的评价体系过于注重学业成绩,忽视了对学生品德发展状况的考查,不利于学生道德素质的提升。因此,学校应该从关注学生全面发展的高度,建立起德、智、体、美、劳并重的评价体系,将道德表现纳入重要考核指标,引导学生自觉加强道德修养。同时,评价主体也要多元化,除了教师评价,还应重视学生互评、家长评价、社会评价,全方位、多角度地考查学生品德发展状况。

(三)美德推广与师生互动

美德教育的推广离不开师生之间良性互动的建立。在传统的教学模式中,教师往往扮演着权威者和知识传授者的角色,学生则是被动的接受者。这种关系容易导致学生对美德教育产生抵触情绪,难以真正内化美德品质。因此,构建平等、互信的师生关系,营造开放、包容的课堂氛围,成为美德教育推广的关键。

教师要做到以身作则、言传身教,成为学生心中的美德楷模。教师的一言一行都会对学生产生潜移默化的影响,只有教师自身具备高尚品德,才能以真诚、尊重的态度对待每一个学生,用爱心感化学生,用智慧启迪学生,让学生在潜移默化中感受美德的力量。

教师要创设合适的教学情境,引导学生主动参与到美德实践中。美德教育绝非简单的说教,而应该让学生在具体情境中感悟美德内涵,在行动实践中强化美德意识。教师可以设计一些贴近学生生活的情境,引导学生换位思考,学会理性分析问题,作出恰当的道德选择。

教师要注重发掘每个学生的闪光点,给予积极的评价和鼓励。每个学生都有自己独特的个性和优势。教师要善于捕捉学生在美德实践中的点滴进步,及时给予肯定和表扬,增强其自信心和成就感。对于学生在品德养成过程中出现的偏差和错误,教师也要以包容的心态耐心引导,帮助其认识问题,改正错误,而非简单地批评和惩罚。

教师还要与家长保持密切沟通,形成育人合力。家庭是学生品德养成的第一课堂,家长的价值观念和行为习惯对孩子有着深远影响。教师要主动与家长沟通交流,了解学生的家庭背景和成长环境,共同商讨有效的教育方法。同时,教师还要引导家长以身作则,在日常生活中为孩子树立美德榜样,营造良好的家庭教育氛围,让美德教育渗透到学生成长的方方面面。

四、品德培养与现代教育的融合

(一)品德培养在现代教育中的角色

品德培养在现代教育中扮演着举足轻重的角色,它是实现从传统的知识教育向全人教育转变的关键一环。随着社会的不断进步和时代的发展,单纯注重知识传授的教育模式已经难以适应培养高素质人才的需求。教育的根本目的在于促进人的全面发展,品德是其中不可或缺的重要内容。

品德是一个人行为操守的集中体现,是个人修养、情操、人格的综合反映。良好的品德不仅有助于塑造健全的人格,还是适应社会、服务社会的必备素质。在现代教育中,加强品德培养,有利于学生形成正确的世界观、人生观、价值观,养成明礼诚信、互助友爱的优良品质,为其未来的成长和发展奠定道德基础。

品德培养需要渗透到教育教学的各个环节。在课堂教学中,教师应注重引导学生树立远大理想,激发爱国热情,培养集体主义精神。同时,教师还要身体力行,以自己模范的言行影响和感染学生,成为学生品德养成的表率。在校园文化建设中,学校应营造良好的育人环境,开展丰富多彩的德育实践活动,如志愿服务、社会实践等,引导学生在实践中砥砺品格、升华境界。

品德培养还要注重与学生认知发展水平和个性特点相适应。对于不同年龄阶段的学生,品德教育的内容和方式应有不同侧重。低年级学生思维具体形象,可以通过讲故事、做游戏等生动活泼的方式引导其形成良好行为习惯;高年级学生抽象思维逐渐发展,可以运用案例分析、角色扮演等方法引导其内化道德规范。

(二)现代教育技术在品德培养中的应用

在数字化时代,现代教育技术的发展为品德培养提供了新的路径和可能。

数字化教育资源的丰富,为学生提供了更多接触优秀传统文化和道德典范的机会。教师可以利用网络平台,精选蕴含着中华民族传统美德的故事、人物事迹等,制作成生动形象的多媒体教材,增强教学的吸引力和感染力。学生通过浏览、观看这些资源,能够直观地感受到传统美德的魅力,加深对优秀品德的理解和认同。

现代教育技术为个性化的品德培养提供了技术支持。教师可以利用大数据、人工智能等技术,对学生的道德认知、情感态度、行为习惯等进行全面分析,并据此制定个性化的培养方案。例如,教师可以通过分析学生的学习行为数据,发现其在品德认知方面的薄弱环节,并有针对性地推送相关教育资源,帮助学生查缺补漏。教师可以利用虚拟现实、增强现实等技术,设计沉浸式的道德情境,让学生在"身临其境"的体验中内化道德规范,强化道德行为。

数字化教育技术的应用,还有助于实现家校社会的协同育人。教师可以依托网络平台,与家长建立便捷、顺畅的沟通渠道,及时分享学生在校的言行表现,共商培养对策。家长也可以通过平台,与教师交流学生在家的言行,形成教育合力。此外,学校还可以与博物馆、红色基地等社会教育资源建立网络联系,开展线上线下结合的研学实践活动,引导学生在社会实践中感悟做人道理、培养道德情操。

在推进品德培养与现代教育技术融合的过程中,教师要注重把握"度"。过度依赖数字化技术,可能会弱化师生间的情感交流,导致品德培养流于形式化。因此,教师在运用现代教育技术的同时,更要注重亲身示范、以情感人,在潜移默化中影响学生、塑造学生。

(三)品德培养与学科教学的协同

在当前教育改革不断深化的背景下,单纯依靠传统的道德与法治课或德育活动已无法满足学生道德发展的需要。品德培养必须深度融入各学科教学之中,成为学科教学的有机组成部分。只有实现品德培养与学科教学的协同联动,才能真正发挥道德教育的育人功能,促进学生全面发展。

第二章 中华优秀传统文化课程的主要内容

从知识层面看，品德培养与学科教学的协同有助于加深学生对道德原则、规范的理解。教师可以通过在数学、语文、历史等学科教学中渗透德育元素，引导学生从不同学科视角认识道德问题，理解道德行为的内在逻辑。例如，在数学教学中，教师可以引导学生理解诚信的重要性，认识数据造假、统计欺诈等行为的危害；在语文教学中，教师可以选取蕴含道德主题的文学作品，引导学生体悟人物命运与个人品德之间的关联；在历史教学中，教师可以引导学生分析历史人物的道德选择及其影响，认识个人道德与社会发展的辩证关系。通过学科情境的创设和师生互动的交流，学生能够建立起系统、完整的道德知识体系，为道德行为的养成奠定坚实的基础。

从能力层面看，品德培养与学科教学的协同是促进学生道德实践能力发展的有效途径。单纯的说教式德育往往难以激发学生的道德情感，更难以引导其将道德认知转化为道德行为。而在学科教学中，教师可以通过设计体验式、实践式的德育活动，为学生提供道德实践的机会和平台。例如，在科学教学中，教师可以组织学生开展以环保为主题的社会调查，引导其关注生态环境问题，鼓励其提出保护环境的行动方案；在艺术教学中，教师可以引导学生创作反映社会热点、弘扬正能量的艺术作品，表达对美好生活的向往和追求；在综合实践活动中，教师可以组织学生参与志愿服务、社区服务等公益活动，在实践中强化其道德责任感和奉献精神。通过学科实践活动的开展，学生能够将道德认知内化为道德情感，将道德情感外化为道德行为，真正成长为有道德、有品行的社会公民。

从情感态度层面看，品德培养与学科教学的协同对塑造学生积极健康的道德情感和人生态度具有重要意义。道德情感是道德认知和道德行为的中介和桥梁，对学生品德发展具有重要影响。在学科教学中渗透道德情感教育，不仅能够帮助学生形成正确的道德观、价值观，还能引导其形成乐观向上、积极进取的人生态度。例如，在政治教学中，教师可以引导学生树立正确的国家观、民族观，增强学生的爱国主义情怀；在音乐教学中，教师可以选取歌颂真善美、抨击假恶丑的音乐作品，陶冶学生道德情操；在体育教学中，教师可以引导学生体验体育竞赛的乐趣，培养学生团结协作、顽强拼搏的体育精神。通过情感体验的积淀和升华,学生能够形成积极向上的人生态度,焕发出生命的光彩。

品德培养与学科教学的协同还有利于推动德育工作模式的创新。传统德育工作往往以独立、隔离的方式开展,与学科教学缺乏沟通联系。这不仅割裂了学生认识世界、改造世界的统一过程,而且影响了德育工作的针对性和实效性。而协同式的德育工作强调以学科教学为载体,在传授知识、培养能力、塑造情感等方面入情入理地开展道德教育。这种教育模式遵循学生身心发展规律,满足其成长发展需求,有利于调动学生学习的主动性和积极性,激发学生道德反思和自我教育的内在动力。协同式的德育工作还能够提升教师的德育意识和能力,实现全员育人、全方位育人、全过程育人的局面。

第三节 传统节庆与习俗传承

一、传统节庆的文化内涵

(一)起源与发展

传统节庆是中华文明的重要组成部分,它们以独特的方式记录了先民的生活智慧和精神追求。这些节庆的起源可以追溯到远古时代,经过漫长岁月的演变,融合了丰富的历史文化内涵。探究传统节庆的发展历程,不仅有助于学生更好地理解先人的生活方式和价值观念,而且为传承和弘扬中华优秀传统文化提供了宝贵的资源。

在中国悠久的历史长河中,传统节庆与朝代更迭、社会变革紧密相连。不同时期的政治、经济、文化背景对节庆的形成和发展产生了深刻影响。上古时期,人们通过祭祀、巫舞等活动来表达对自然力量的敬畏和对美好生活的向往,这是目前许多传统节庆的雏形。进入封建社会后,统治者为了强化政权,往往利用节庆来塑造国家认同,树立君权威严的形象。同时,民间节庆也在发展,人们以更加世俗化的方式来祈福纳祥、祛病除灾,体现了普通百姓质朴而真挚的情感。明清时期,市民阶层崛起,许多节庆活动更加注重欢愉和娱乐,呈现出鲜明的平民色彩和世俗气息。

传统节庆在发展过程中也不断吸收外来文化元素,呈现出多元包容的特点。例如,元代时,受到蒙古族文化的影响,元宵节出现了踩高跷、舞狮子等新的民俗表演形式;明清时期,西方传教士来华,带来了新的节日习俗,丰富了传统节庆的内涵。这种兼容并蓄的发展模式,增强了传统节庆的生命力,使其跨越时空,历久弥新。

(二)象征意义

节庆中蕴含着丰富的文化象征意义,是中华民族思想观念、审美情趣、道德规范等的集中体现。每一个传统节日,都凝聚着先民的集体智慧,承载着独特的文化内涵。它们以特定的仪式、活动、物品等符号,表达着人们对美好生活的向往,对未来生活的期许。

春节作为中华民族最隆重的传统节日,其各种习俗活动都饱含着吉祥喜庆之意。年夜饭家人团聚,象征着阖家欢乐、和睦相处;鞭炮烟花,用声光效果驱邪纳福;对联、年画等,以喜庆的色彩和吉利的寓意,营造出欢乐祥和的节日氛围。这些符号承载的,正是中华民族重视家庭、崇尚和谐、追求吉祥如意的文化理念。

传统的节庆仪式,也体现着中华民族特有的宇宙观和价值观。例如,立春祭天祈福、清明节祭祖扫墓等,反映了敬畏自然、慎终追远的理念;端午节悬艾叶菖蒲、赛龙舟,寄托着驱邪避灾、奋发图强的愿景。这些仪式性活动,既是民族精神的生动写照,又彰显着中华文明的历史底蕴。

节庆中的各类装饰、器物、食品等,也都蕴含着深刻的象征意义。如春联多使用红纸,倾注着火红的希望和吉祥的祝福;粽子棱角分明,象征着刚直不阿、坚毅果敢的品格;中秋节柚子与"佑"谐音,代表着祈求神灵保佑等。这些节令物品的形制、色彩、寓意等,都凝结着中华民族的价值追求和审美情趣。

二、校园节庆活动的规划与实施

为了让学生在活动中真正感受中华传统文化的魅力,体验民族精神的内涵,活动的策划和实施应遵循科学性、趣味性、仪式感等原则,构建起系统完整的组织流程。

活动组织的首要任务是成立组织机构,明确职责分工。一般来说,学校可以成立由校领导、专业教师、辅导员等组成的活动领导小组,全面负责活动的统筹规划和督导落实。在此基础上,还要针对不同的工作内容,如方案设计、场地布置、节目排练、宣传报道等,成立若干工作小组,由具体负责人牵头开展工作。通过构建纵横交错的组织网络,形成分工明确、协同有序的工作格局。

在活动流程设计上,要本着循序渐进、环环相扣的原则,构建起科学合理的实施步骤。一般来说,校园节庆活动可分为前期准备、活动实施、后期总结三个阶段。前期准备主要包括制定活动方案、落实人员分工、完成场地布置等,是确保活动顺利开展的基础。活动实施阶段则是整个流程的核心,要围绕节庆主题,通过仪式庆典、文艺演出、互动体验等多种形式,营造喜庆祥和、充满传统文化气息的节日氛围。后期总结则要对活动开展情况进行全面梳理和反思,总结经验教训,为今后工作提供借鉴和指导。

在活动流程设计中,要充分考虑学生的年龄特点和兴趣爱好,增强活动的参与性和互动性。可以采取师生共同参与的方式,鼓励学生在活动的策划、组织、实施等环节发挥主体作用。同时,应注重活动形式的多样化和趣味性,融入竞赛、游戏、表演等让人喜闻乐见的元素,调动学生参与的积极性。只有让学生真正成为活动的主角,才能实现寓教于乐,达到春风化雨、润物无声的教育效果。

节庆活动的组织实施还应体现仪式感和庄重感。传统节日蕴含着丰富的人文内涵和道德理念,是中华民族精神的重要载体。在活动中,要通过庄重典雅的仪式,如鞠躬行礼、朗诵经典等,让学生感受传统节日的神圣庄严,从而升华情感、净化心灵。同时,还要立足校园实际,因地制宜地选择活动场地和布置环境,既要突出节日特色,又要体现校园文化,营造独特的文化氛围。

三、传统习俗在现代生活中的体现

（一）习俗的演变

传统习俗在现代社会中的演变体现了文化传承与时代发展的辩证法。传统习俗蕴含着丰富的历史文化内涵，承载着民族的集体记忆和情感寄托，是中华优秀传统文化的重要组成部分。这些习俗经过历史的沉淀和积累，形成了独特的民族符号和文化底蕴，成为凝聚民族认同感、增强文化自信的精神纽带。因此，在现代社会传承和保护传统习俗，对于延续民族文脉、坚定文化自信具有重要意义。

随着社会的发展和时代的变迁，传统习俗也面临着新的挑战和机遇。现代生活方式的变革、价值观念的多元化，使得一些传统习俗的内容和形式难以完全契合当代人的需求。同时，工业化、城镇化进程加速，人们的聚居方式、人际交往方式发生变化，许多传统习俗难以在原有的时空环境中实现。面对这些挑战，传统习俗必须在继承中创新、在发展中转型，以适应现代社会的需要。

具体而言，传统习俗在现代社会的传承和发展，需要在内容、形式、载体等方面进行创新。在内容上，要挖掘传统习俗的文化内涵和时代价值，剔除封建迷信等陈腐内容，深入阐释习俗背后的人文精神和道德理念。通过创新阐释，使传统习俗焕发出新的生命力和时代意义，成为提升国民文化素养、培育社会主义核心价值观的重要载体。

在形式上，要探索符合现代生活方式、契合当代审美需求的表现方式。传统习俗可以借助现代科技手段，创新展示形式，增强互动性和参与度。例如，利用数字化技术、沉浸式体验等方式，让人们在参与习俗活动的过程中获得身临其境的文化体验。

在载体上，要充分利用现代传播媒介，扩展传统习俗的传播空间。通过网络平台、社交媒体等新媒体，传统习俗可以突破时空限制，覆盖更广泛的受众群体。同时，借助影视、动漫、文创等大众文化形式，传统习俗能以更加生动有趣的方式呈现,吸引年轻一代的关注和参与,激发大众对优秀传统文化的兴趣和热情。

传统习俗在现代传承和发展的过程中,不可避免地会出现一些变异和创新。这种变异和创新是传统文化在现代语境中自我更新、自我完善的表现,是对传统的守正创新、推陈出新。只要把握住传统习俗的文化内核和精神实质,在继承中不断赋予其新的时代内涵,传统习俗就能在现代社会焕发出勃勃生机。

(二)媒体对习俗的影响

现代媒体的迅猛发展为传统节庆习俗的传承和发展提供了新的契机。网络直播、短视频、社交媒体等新兴媒体形式不断涌现,极大地拓展了传统习俗的传播渠道和影响范围。通过媒体的创新表达和精准推送,传统习俗得以打破时空限制,走进千家万户,融入现代人的日常生活。

媒体在传统习俗传播中发挥着多重功能。一方面,媒体是习俗知识的重要载体。通过图文、音视频等多样化的表现形式,媒体生动、直观地呈现习俗的起源、发展、内涵等,帮助受众快速理解和掌握相关知识。同时,借助信息存储和检索技术,媒体为习俗知识的保存和传承提供了可靠保障。另一方面,媒体是习俗文化的创新平台。在媒体语境下,习俗与现代文化不断融合,焕发出新的生命力。通过创意策划、跨界合作等方式,媒体赋予传统习俗以时代特色和审美趣味,激发其蕴藏的当代价值,拉近了习俗与现代生活的距离。

媒体对习俗传播的影响是深远的。借助媒体强大的渗透力和感召力,习俗教育实现了从"课堂"到"社会"的跨越。沉浸式的习俗体验、互动参与的文创活动,这些新颖别致的媒体形式不仅提升了习俗教育的趣味性和参与度,更唤醒了人们的文化自豪感和认同感。媒体引导人们重新审视传统习俗的当代价值,推动其创造性转化和创新性发展。

习俗传承从来都不是封闭静止的过程,而是在继承与创新、坚守与发展的辩证中不断丰富自我、完善自我的动态历程。现代媒体以其独特的优势为传统习俗注入了新的时代基因,开辟了传统习俗教育的新境界。顺应时代发展潮流,积极运用媒体手段弘扬优秀传统习俗,对于促进中华民族伟大复兴和构建人类命运共同体都具有重要意义。

(三)习俗与现代生活方式

传统习俗与现代生活方式的融合是中华优秀传统文化在当今社会得以传承和发展的重要体现。传统习俗蕴含着先人的智慧和审美情趣,体现了中华民族的价值观念和精神追求。而现代生活方式反映了时代的进步和社会的发展。二者的有机结合,不仅能够增强传统文化的生命力,还能丰富现代人的精神世界。

传统习俗在现代社会的传承和发展,需要与时俱进,与现代生活方式相适应。一方面,要继承和弘扬传统习俗中的优秀内涵,如尊老爱幼、勤俭节约、重情重义等,使其成为现代人的价值追求和行为准则。另一方面,要结合现代社会的特点,对传统习俗进行创新和改造,赋予其新的内涵和形式,使其更加贴近现代人的生活。

在具体的实践中,传统习俗与现代生活方式的融合可以体现在多个方面。比如,在传统节日的庆祝活动中,可以利用现代科技手段,通过网络平台、数字媒体等方式,让更多人了解和参与传统文化活动,增强节日的互动性和参与感。在日常生活中,可以将传统手工艺与现代设计理念相结合,开发出兼具传统韵味和现代审美的文创产品,让传统文化以更加时尚、精致的形象走进大众视野。

传统习俗与现代生活方式的融合,还需要全社会的共同参与和努力。政府部门应加强对传统文化的保护和传承,完善相关法律法规和政策措施,为传统习俗的发展创造良好的环境。教育部门应加强对学生的传统文化教育,将优秀传统习俗融入教学内容和校园文化建设中,培养学生的文化自信和民族自豪感。媒体和文化机构应发挥宣传、引导作用,通过丰富多彩的文化活动和传播形式,让传统习俗更加贴近人们的生活,成为现代生活方式的重要组成部分。

四、节庆习俗教育的意义

(一) 文化传承作用

节庆习俗是一个民族历史发展过程中形成的独特文化符号,凝结了民族的集体记忆和情感寄托。通过参与节庆活动、学习习俗知识,学生能够直观地感受民族文化的博大精深,增强文化认同感和民族自豪感。同时,节庆习俗中蕴含着丰富的道德教化内涵,寄托着人们对美好生活的向往和对传统美德的弘扬。将其纳入教育教学,有助于培养学生的价值观念和道德品质,更好地传承中华民族的优秀传统文化。

节庆习俗教育对于促进文化创新、增进文化交流也具有重要意义。在全球化时代背景下,各民族文化相互激荡、相互融合,传统节庆习俗也在不断与时俱进、焕发新的生命力。通过节庆习俗教育,学生能够在传承民族文化的同时,吸收借鉴其他民族的优秀文化成果,开阔眼界、启迪思维。这种跨文化交流不仅能够促进不同民族间的相互理解和包容,还能激发学生的文化创新意识,为传统文化的发展注入新的活力。

(二) 个人价值观形成

传统节庆习俗蕴含着丰富的道德规范、行为准则和价值理念,对学生的道德品质和人格塑造具有潜移默化的影响。通过习俗教育,学生能够感受到中华民族的优秀传统,领悟到其中蕴含的做人做事的道理,从而内化为自己的行为准则和价值追求。

在节庆习俗教育中,教师应注重引导学生体验和感悟节庆习俗背后的文化内涵。例如,在春节习俗教育中,教师可以带领学生探讨"团圆""感恩"等价值理念,引导学生反思自己的言行,培养他们感恩父母、孝敬长辈的品德。在中秋习俗教育中,教师可以引导学生思考"圆满""和谐"的含义,树立正确的人际交往观念和家庭责任意识。通过对习俗内涵的挖掘和感悟,学生能够形成积极向上的人生态度和价值追求。

节庆习俗教育还应注重学生的亲身实践和体验。只有让学生在实践中亲身感受习俗的魅力,才能真正内化习俗的价值内涵。教师可以组织学生参与传统节庆活动,如包粽子、猜灯谜、赏花灯等,让学生感受传统文化的独特魅力。同时,教师还可以引导学生参与习俗的创新和传承,如鼓励学生创作反映现代生活的灯谜、春联,或用新颖的形式表达对长辈的祝福。在创新传承中,学生能够更深刻地理解习俗的内涵,并将其与现代生活相融合,从而形成个人独特的文化认同和价值观念。

节庆习俗教育还需与学生的认知发展水平相适应。对于不同年龄阶段的学生,应选取难度适中、形式多样的内容开展教育教学。对于低年级学生,可以通过绘本、动画等生动形象的方式,讲述节庆习俗的由来和故事,培养他们对传统文化的兴趣。对于高年级学生,则可以引导其进行更深入的文化反思和价值探讨,帮助其形成独立的价值选择能力。只有根据学生的认知特点,设计富有针对性和吸引力的教学内容,才能真正实现习俗教育的育人功能。

(三)国际交流功能

在全球化时代,不同国家和民族之间的交流日益频繁,文化交流已经成为国际交往的重要内容。而节庆习俗作为一个国家或民族文化的重要组成部分,承载着丰富的历史记忆、道德观念和审美情趣,是理解不同文化的重要窗口。

通过节庆习俗教育,学生能够更加直观、生动地认识不同国家和民族的文化特点,了解其历史渊源、价值观念和生活方式。这种认识不只有助于消除文化隔阂,促进不同文化背景人们的相互理解和尊重,更能培养学生的跨文化交际能力。当今世界,国际合作已经成为应对全球性挑战的必由之路。而民心相通是国家间开展务实合作的前提和基础。节庆习俗教育为增进民心相通提供了重要途径。通过体验不同国家和民族的节日庆典、参与习俗活动,学生能够感受到不同文化的独特魅力,体会到人类情感的共通性。

节庆习俗教育还有助于促进文化交流和文明互鉴。在节庆交流中,不同国家能够展示本国优秀的文化艺术成果,传播人类文明的多元价值。互鉴交流不仅能够实现优秀文化的传承和发扬,还能推动不同文明在交流碰撞中实现创新发展,携手构建人类命运共同体。我国向来重视传统节日的交流和传播。春节、元宵节、端午节、中秋节等传统节日已经成为展示中华文化魅力,促进民心相通的重要平台。近年来,我国还积极开展"欢乐春节"等品牌活动,通过举办文艺演出、非遗展示等,向世界展现中华文化的独特风采,传播中国人民珍爱和平、追求发展的美好愿望。

第四节 传统手工艺与技能创新

一、传统陶瓷与漆器制作技艺

(一)历史渊源与文化价值

陶瓷与漆器作为中华文明的璀璨明珠,承载着先民的智慧与审美追求。在悠悠历史长河中,它们以自身独特的魅力,见证了中华文化的发展与繁荣。从夏商时期青釉陶器的诞生,到宋代五大名窑的鼎盛时期;从战国漆木器物的精美纹饰,到明清髹饰工艺的登峰造极,陶瓷与漆器始终占据着中国工艺美术的核心地位。

陶瓷与中华文明的起源和发展密不可分。早在新石器时代,我国先民就开始用泥土烧制陶器,以满足日常生活的需求。随着社会生产力的提高,制陶技术日臻成熟,出现了大量造型优美、纹饰精致的彩陶和黑陶。出土的这些陶器,不仅反映了先民的生活状况,更体现了他们对美的追求和创造力。进入夏商时期,出现了裂纹红陶和原始青瓷。到了东汉,青釉陶已经相当成熟,龙泉窑更是独领风骚。而后历经唐宋,以钧窑、汝窑、官窑、哥窑、定窑为代表的五大名窑,将制瓷艺术推向了巅峰。

漆器同样在中华文明的发展历程中熠熠生辉。自商周时期起，先民就开始用桐油、漆汁浸泡木胎，制作各种精美的漆木器物。这些器物不仅具有很强的实用性，其纹饰和装饰更是美轮美奂，彰显了先民的智慧和创造力。战国时期，随着锻铁技术的进步，出现了大量漆木兵器和礼仪用具。秦汉时期，髹饰工艺进一步发展，出现了大量彩绘漆器，装饰手法趋于繁复华丽。唐宋以来，剔红、剔黑、雕漆、犀皮等漆艺门类不断丰富，制作水平也更为高超。

陶瓷与漆器的辉煌成就，不仅在于精湛的制作工艺，更在于其所承载的深厚文化内涵。无论是瓷器上的吉祥图案，还是漆器上的神话传说，无不折射出中华民族的人文情怀和价值追求。例如，龙凤呈祥、松鹤延年等纹饰寓意美好，体现了国人对美好生活的向往；山水画卷、诗词歌赋等装饰主题，则表达了文人雅士的胸襟与格调。这些文化元素的融入，使陶瓷与漆器不再只是实用器物，更是承载着中华文化基因的艺术瑰宝。

（二）当代创新与传承

现代技术在传统手工艺创新与传承中扮演着重要角色。先进的科学技术为古老的手工技艺注入了新的生机与活力。通过引入新材料、新工艺、新设备，传统手工艺品的制作效率得到显著提升，产品质量和性能也得到改善。数字化技术的应用更是开启了个性化定制的时代，消费者可以根据自身需求和审美偏好参与到设计过程，与手工艺人共同创造出独一无二的作品。

现代技术也为传统手工艺的保护与传承提供了有力支撑。借助大数据、云计算等信息技术，非物质文化遗产得以系统采集、科学分类、有序存储，形成完整的数字档案。利用虚拟现实、增强现实等沉浸式技术，人们可以身临其境地感受手工技艺的魅力，了解其历史渊源和文化内涵。网络平台的普及则打破了时空限制，优秀的手工艺品和技艺得以广泛传播，吸引更多人参与其中。

在推动传统手工艺创新发展的同时，也要警惕过度依赖现代技术而忽视手工艺精髓的问题。技艺的传承绝非简单的知识和技能的复制，而是需要长期的实践积累和心手合一的领悟。过分强调标准化、规模化生产，容易导致手工艺品失去韵味和个性化特征。因此,如何在传承发展中找到现代技术与传统技艺的平衡点,是摆在手工艺人面前的重要课题。

二、传统织造与印染技术

(一)经典技艺与材质认知

传统织造与印染技术是中华民族智慧的结晶,蕴含着丰富的科学内涵和艺术价值。对这些技艺进行系统的分类和选材研究,有助于人们更好地认识和传承这一宝贵的文化遗产。

从技术原理来看,传统织造与印染可以分为纺织、织造、印染三大类。纺织是将天然纤维或化学纤维加工成纱线的过程,包括梳棉、并条、粗纱、精纱等工序。织造是指用纱线制成织物的过程,按照织物组织结构的不同,可分为平纹、斜纹、缎纹等。印染则是在织物上进行染色和印花的工艺,包括蓝靛印花、蜡染、夹缬等多种技法。这三大类技术相辅相成,构成了完整的织造印染工艺体系。

从材料选用来看,传统织造印染技艺因地制宜,充分利用当地的天然资源,以蚕丝、苎麻、棉、毛等天然纤维为主要原料,经过精心的筛选和处理,确保材料的品质与韧性。在印染过程中,工匠广泛采用植物染料,如蓝靛、茜草、紫檀等,既环保天然,又色泽亮丽、持久,展现了人与自然和谐共生的理念。

不同地区的传统织造印染技艺不同,形成了各具特色的地方风格。例如,苏州丝绸以轻盈、柔软、光泽度高著称;南通蓝印花布古朴自然,极具乡土气息;云南蜡染图案繁复精美,色彩绚丽多姿。这些地方特色的形成,既与当地的自然条件和人文环境密切相关,又凝结了一代代工匠的智慧和创造力。

除了技术层面的考量,传统织造印染所蕴含的文化内涵和审美价值同样值得关注。织物的花纹图案往往寄托了美好的寓意,如龙凤呈祥、麒麟送子等,反映了中国传统文化的核心价值观。工艺品的造型设计和色彩搭配,则体现了东方美学的独特魅力,如对称与均衡、含蓄与内敛、淡雅与高洁等审美理念在织物中展现得淋漓尽致。

(二)设计演变与美学内涵

传统织造与印染技术所蕴含的艺术魅力和文化内涵,是中华民族智慧与审美的结晶。纵观中国织印技艺的发展历程,图案设计经历了从简单到复杂、从写实到写意的演变过程,呈现出鲜明的时代特色和地域风格。

早期的织印图案多以简练的几何纹样为主,如同心圆纹、螺旋纹、云雷纹等,这些抽象化的图案体现了先民对自然现象的认知和想象。随着社会生产力的提高和审美意识的觉醒,织印品的装饰性日益增强,山水、花鸟、人物等写实性题材逐渐丰富起来。例如,马王堆汉墓出土的T形帛画,其精美的线条和巧妙的构图令人叹为观止,展现了汉代织印工艺的高超水准。

魏晋南北朝时期,中原地区战乱频发,织印重心逐渐南移。吴地、蜀地的丝织印染业迎来了全面发展,越窑青瓷器物上那繁复精美的纹饰,很大程度上吸收了当地织物花纹的风格。隋唐以后,随着贸易的繁荣和民族交流的增多,异域风格大量涌入,带来了新的审美观。这一时期的织印图案呈现出更加丰富多元的面貌,雅致与奔放完美交融,璀璨夺目,如敦煌壁画中的"宝相花"图案,既有神秘的意蕴,又富有现实生活的情趣。

宋元以后,程式化趋势日益明显,织印品上的寓意表达成为主流。松鹤延年、牡丹富贵、鸳鸯成双等吉祥图案广泛流行,表现出人们对美好生活的向往。这些图案往往寄托了深刻的寓意和道德理想,如"双喜"图案象征着夫妻和睦;"鸿雁牡丹"则比喻脱颖而出。明清以来,随着版画技术的进步和色彩工艺的创新,更多源于绘画、年画的图案被移植到织物上,出现了大量风格各异、妙趣横生的织印作品。

三、传统雕刻与木工技艺

(一)雕刻艺术的流派与特点

中国传统雕刻艺术源远流长,各地区因其独特的地理环境、人文历史、审美情趣而形成了不同的流派和风格。这些丰富多样的雕刻艺术蕴含了中华民族的智慧结晶,凝聚了劳动人民的艺术创造力,是我国宝贵的文化遗产。

北方的雕刻艺术以古朴大气、粗犷豪放为主要特征。以山西雕刻为代表的北方雕刻,常以木材为媒介,运用圆雕、浮雕等技法,塑造出气势恢宏、形象生动的人物形象。这些作品线条刚劲有力,体现了北方人豪迈坦荡的性格。

南方雕刻则具有细腻精巧、婉约柔美的风格特点。苏州园林中的石雕和木雕,体现了江南文人的超凡脱俗和审美情趣。雕刻家通过巧夺天工的构图、流畅优美的线条,将南方秀美、灵动的自然景观表现得淋漓尽致。福建的木雕和石雕则融合了闽南文化的特色,题材丰富多样,涵盖了民间故事、花鸟鱼虫等内容,雕工精湛,栩栩如生。

西部地区的雕刻艺术深受民族文化等的影响。以敦煌石窟、大足石刻为代表的石窟雕塑,气势磅礴,形象生动,造型夸张而富有张力,体现了西部地区的奔放豪迈和雄浑大气。

当代雕刻艺术在传承传统的基础上,也在不断创新发展。许多雕刻家在吸收借鉴西方现代艺术的同时,注重挖掘本民族雕刻艺术的精髓,将传统技艺与现代审美相融合,创作出兼具民族特色和时代气息的优秀作品。这些作品不仅体现了对传统文化的继承和发扬,还展现了中国当代雕刻艺术的勃勃生机。

传统雕刻艺术的多样性和地域性,反映了中华文明的博大精深,还彰显了中国文化的包容性和创造力。在新的历史条件下,我们要充分认识和挖掘传统雕刻艺术的价值,加强对优秀传统工艺的保护和传承,推动中国雕刻艺术创造性转化、创新性发展,使其在弘扬民族文化、社会主义精神文明建设中发挥更大作用。只有根植于民族文化的沃土,融汇古今中外艺术精华,中国雕刻艺术才能不断焕发出新的生命力,绽放出更加绚丽夺目的艺术之花。

(二)工具与技艺精进

传统雕刻工艺中使用的工具和材料种类繁多,可谓包罗万象。雕刻刀是最基本也是最重要的工具之一,其种类多达数十种,包括圆刀、平刀、勾线刀、双钩刀等,各有其独特的用途。雕刻刀的材质讲究,多选用高碳钢制作,经过反复锻打、淬火等工序,才能达到锋利耐用的要求。除雕刻刀外,锤子、凿子、锉刀、剥皮刀等工具也是雕刻师傅的得力助手,它们在去除多余材料、修整线条等方面发挥着重要作用。

传统雕刻所用的材料,从木材到玉石,从象牙到螺钿,种类繁多。其中,木材是最常见也是应用最广泛的雕刻材料。不同树种的木材,其质地、纹理、硬度各异,雕刻师傅需要根据作品的主题、风格来选择合适的木材。例如,黄杨木纹理细腻,质地坚硬,适合雕刻精细入微的人物肖像;而樟木色泽淡雅,纹理清晰,更适合雕刻山水风景等写意作品。玉石雕刻讲究"因材施艺",要充分利用玉石的天然色彩和纹理,借力发挥,创作出令人叹为观止的玉雕精品。

精湛的雕刻技艺,离不开雕刻师傅日复一日的刻苦训练。从学徒开始,他们就要掌握各种工具的使用方法和保养技巧。砍、劈、锯、刨、凿、锉、抛光,每个步骤都需要反复练习,还要不断钻研雕刻技法,如浮雕、透雕、圆雕等,力求在作品中呈现出层次丰富、栩栩如生的艺术效果。此外,雕刻师傅还需要具备扎实的美术功底,深谙人物比例、透视等造型规律,方能在构图、刻画上独具匠心。

伴随现代科技的发展,雕刻工具也在不断更新换代。电动工具,如电磨机、电锯等,大大提高了雕刻效率,降低了体力劳动的强度。数控雕刻机的出现,更是为传统手工雕刻注入了新的活力。借助计算机辅助设计和数控技术,雕刻师可以快速、精准地完成作品的主体部分,再运用传统工艺进行细节刻画和艺术加工,实现传统技艺与现代科技的完美结合。

(三)生态理念与可持续发展

在现代社会,随着环保意识的不断提升,传统木工技艺面临着新的挑战和机遇。一方面,人们对环保、节能、可持续发展的要求越来越高,这对传统木工技艺的材料选择、工艺流程等提出了更高的要求;另一方面,生态理念的普及也为传统木工技艺的创新发展提供了新的思路和方向。

传统木工技艺历史悠久,经过几千年的发展已经形成了一套成熟的材料选择和加工体系。但是,传统工艺大多以天然木材为原料,在当前森林资源日益紧张的背景下,过度砍伐势必会对生态环境造成破坏。因此,在坚持传统工艺精髓的同时,有必要积极探索和使用新型环保材料,如竹材、稻草、秸秆等快速再生资源,以及回收利用废旧木材。这不仅能够减少对森林资源的破坏,而且能够促进资源的循环利用。

与材料选择相适应,传统木工技艺的加工方式也需要进行创新和改进。传统工艺多采用手工操作,不可避免地会产生材料浪费和环境污染。引入现代科技手段,如数控加工、高效锯切等,能够显著提高材料利用率,减少废料的产生。同时,在黏合、涂饰等工序中,应尽可能选用无毒、无害、可降解的天然材料,降低对环境和人体的影响。

除了技术层面的创新,传统木工技艺还应重视生态理念的渗透和传播。一件精美的木工艺品,传递着工匠的巧思和情怀,也承载着人与自然和谐共生的愿景。工艺品的设计和制作,可以向人们传递环保、节俭、敬畏自然的价值理念。例如,在家具设计中融入模块化、多功能的理念,提高家具的使用寿命;在装饰工艺中采用简约、雅致的风格,摒弃奢靡浪费;在材质选择上尊重木材的天然纹理,彰显朴素自然之美。

传统木工技艺还应注重与现代生活方式的融合,满足人们对健康、环保、品质生活的追求。在住宅装修中大量采用木质材料,能够创造温馨、舒适的居家环境;在公共空间设计中融入木元素,可以营造亲和、自然的氛围;在日用器物中应用木工工艺,为人们提供健康、环保的生活用品。通过这些创新实践,传统木工技艺不仅能够焕发新的生机,也能够引领人们向更加环保、健康的生活方式转变。

四、传统手工艺与现代技术的融合

(一)手工艺的现代转型

传统手工艺在现代社会的转型与发展,需要在传承与创新之间找到平衡点。

传统工艺凝聚着先辈的智慧与审美,蕴含着深厚的文化底蕴,是中华民族宝贵的非物质文化遗产。保护和传承这些濒危的手工技艺,对于延续民族文化血脉、增强文化自信具有重要意义。但传统手工艺要想在现代社会立足,又必须与时俱进,融入现代设计理念和制作工艺,创新产品形式和功能,满足现代人的审美需求和使用习惯。只有在传承中创新、在创新中传承,才能让传统手工艺焕发新的生命力。

从技术层面来看,现代科技的发展为传统手工艺注入了新的活力。数字化设计、3D打印、新材料应用等前沿技术,可以与传统手工艺完美结合,不仅提升了生产效率和产品精度,还大大拓展了设计和制作的空间。在现代机械设备的辅助下,传统制陶、织染、雕刻等工艺的创作灵感和表现手法更加多元化。同时,现代检测和分析技术也为传统手工艺的优化和改进提供了科学依据。通过成分分析、工艺复原等手段,人们得以破解古代工匠的技艺秘籍,在传统智慧的基础上加以改良提升。

从审美层面来看,现代设计理念的引入让传统手工艺焕然一新。传统工艺品往往遵循着特定的样式,带有浓郁的地域和时代特色。而现代设计理念强调简约、实用、多功能,更加注重产品的交互体验和情感表达。将这些新的美学理念运用到传统手工艺中,就能创造出兼具传统韵味和现代气息的作品。比如,在传统家具中融入极简风格,在传统服饰中采用跨界元素,在传统器皿中彰显个性化设计,都是传统手工艺转型升级的成功尝试。这种审美观念的碰撞与交融,让传统手工艺重新焕发了青春活力。

从消费层面来看,现代市场的需求导向推动着传统手工艺的创新发展。随着人们生活水平的提高,对手工艺品的要求已不再局限于实用性,更看重其文化内涵和艺术价值。传统手工艺要想赢得更大的市场份额,就必须紧跟消费趋势,开发出适销对路的产品。一些手工艺人敏锐地捕捉到年轻消费群体的喜好,将传统元素与流行文化相结合,设计出一系列个性化、体验式的工艺品,受到了年轻人的喜爱。同时,合理的商业模式和营销方式,如工艺品定制、体验式消费、文创衍生等,也让传统手工艺走上了产业化发展的道路。

(二)科技驱动下的创新实践

科技的迅猛发展为传统手工艺的创新和发展提供了广阔的空间。现代科技的引入不仅能够优化手工艺的生产流程,提高生产效率,更能赋予传统工艺全新的生命力。通过科技与手工艺的深度融合,能够创造出兼具传统魅力和现代气息的创新产品,满足现代消费者多元化、个性化的需求。

现代科技的应用能够有效改善传统手工艺的痛点。传统工艺往往依赖手工操作,生产效率低下,产品质量参差不齐。引入自动化设备、数字化控制系统等现代技术,能够实现生产过程的标准化和精细化控制,大幅提升产品质量的稳定性和一致性。同时,现代检测技术的应用也能够及时发现和解决生产中存在的问题,减少产品损耗,提高生产效益。

现代科技为传统手工艺注入了新的创意灵感。计算机辅助设计(CAD)技术的运用使设计师能够快速、精准地将创意转化为图纸,并通过三维建模、仿真分析等手段对设计方案进行优化。数字化设计工具极大地拓展了设计师的创作空间,促进了传统手工艺与现代审美的融合。借助3D打印、激光雕刻等先进制造技术,设计师的创意能够快速实现产品化,加速了产品的迭代更新。

互联网技术的发展为传统手工艺产品开辟了新的销售渠道。电子商务平台的兴起使手工艺产品能够直接触达全国乃至全世界的消费者,打破了地域的限制。借助大数据分析技术,手工艺企业能够精准把握消费者的需求,开发出更加符合市场需求的产品。数字营销手段的运用,如社交媒体推广、网络直播等,也能够帮助手工艺企业树立独特的品牌形象,吸引更多消费者的关注。

第三章　中华优秀传统文化课程体系的构建

第一节　课程体系的构建原则

一、以学生为中心原则

(一)识别与满足学生的需求

学生需求的识别与满足是构建中华优秀传统文化课程体系的重要原则,它要求教育者在课程设计和实施过程中,始终坚持以学生为中心,充分考虑学生的实际需要和发展诉求。只有准确把握学生的学习特点、认知规律和成长需求,才能设计出既符合学生实际又富有吸引力和感染力的课程内容,从而达到优化学习体验、提高教学质量的目的。

从学生认知发展的角度来看,中华优秀传统文化课程内容的选择应该遵循由浅入深、由表及里的原则。对于初学者而言,教师应该选取那些贴近学生生活实际、易于理解和接受的文化知识点作为切入点,如传统节日习俗、民间故事、成语典故等。这些内容不仅能够激发学生的学习兴趣,调动其积极性,更能帮助其建立起基本的文化认知框架。而对于学习能力较强的学生,教师则可以引入更加深奥、抽象的文化内涵,如儒家思想、道家哲学等,引导学生进行比较、分析和评价,加深其对中华优秀传统文化的理解和认识。

从学生情感态度的角度来看,中华优秀传统文化课程内容的呈现应该注重情感体验和价值引领。教师不仅要向学生传授知识,更要引导学生在情感上认同和接纳中华优秀传统文化,唤起其文化自信和民族自豪感。为此,教师可以采用情境教学、案例分析等方法,打动学生,使其在潜移默化中接受优秀传统文化的熏陶,内化为自身行为的价值准则。同时,教师还应注意挖掘优秀传统文化中蕴含的时代价值,如勤俭节约、诚信友善等,引导学生将这些价值观念应用到现实生活中,增强他们的社会责任感和道德修养。

从学生能力培养的角度来看,中华优秀传统文化课程内容的设计应该突出实践导向和创新意识。教师要注重培养学生的文化实践能力和创新能力。一方面,教师可以创设多样化的实践活动,如诵读经典、书法练习、传统手工制作等,让学生在动手实践中加深对传统文化的体悟和领会;另一方面,教师还应鼓励学生在传承中华优秀传统文化的基础上进行再创造,如改编古诗词、创作传统剪纸等,激发其文化创新的潜能。这些教学策略不仅能够提高学生学习的主动性和参与度,还能够提升其文化素养和综合能力。

(二)提升学生参与度

学生参与度是提升学生在课程构建中主体地位的关键要素。在传统的教学模式中,学生往往处于被动接受知识的地位,教师主导课程设计和实施的全过程。这种以教师为中心的教学模式难以激发学生的学习兴趣和主动性,不利于学生创新精神和实践能力的培养。因此,在构建中华优秀传统文化课程体系时,必须充分重视学生参与的程度,让学生成为课程建设的主体力量。

要改变教师的教学理念,树立以学生为中心的教学思想。教师应该充分尊重学生的主体地位,关注学生的学习需求和兴趣爱好,鼓励学生参与到课程目标制定、教学内容选择、教学活动设计等环节中来。通过师生平等对话、集体讨论等方式,教师可以更好地了解学生的想法,调动学生参与课程建设的积极性。

要创新教学方法和手段,为学生参与课程构建提供切实可行的途径。教师可以采用项目式学习、问题导向学习、案例教学等多种教学模式,鼓励学生进行自主探究、合作学习。在教学过程中,教师应注重引导学生提出问题、分析问题和解决问题,培养学生的批判性思维和创新能力。同时,教师还可以充分利用信息技术手段,搭建网络学习平台,为学生提供更加丰富的学习资源和互动交流的机会。

要完善课程评价机制,将学生的课堂参与情况纳入课程评价指标体系。传统的课程评价往往局限于期末考试成绩,忽视了学生在课程学习过程中的表现。为了促进学生更加积极地参与课程构建,教师应该建立多元化的评价标准,综合考查学生的学习态度、参与度、合作表现等方面。同时,教师还可以引入学生自评、生生互评等评价方式,鼓励学生主动反思自己的学习过程,提高学习的自主性。

学校和教育主管部门也应该为学生参与课程构建提供必要的制度保障和资源支持。一方面,要制定相关政策和措施,明确学生在课程建设中的主体地位和参与权利;另一方面,要加大经费投入,改善教学条件,为学生参与课程构建创造良好的物质环境。

提高学生参与度是一项系统工程,需要教师、学生、学校和社会多方协同努力。只有不断深化教育教学改革,创造良好的制度环境,才能真正把学生的主体性地位落到实处,推动中华优秀传统文化课程建设焕发新的生机与活力。学生作为课程的受益者和参与者,应该成为课程构建的主角。

二、系统性原则

(一)整体性课程设计

整体性课程设计旨在构建跨学科知识联系,打破传统学科界限,培养学生综合运用知识的能力。这种设计理念不仅有利于学生形成系统化的知识结构,还能够激发其创新思维,提升其解决实际问题的能力。

要实现整体性课程设计,首要任务是梳理不同学科之间的内在逻辑关系。教师应深入分析各学科的知识体系,探寻其中的共通点和联系点,在此基础上构建起科学、合理的跨学科知识网络。同时,教师还应引导学生主动思考学科之间的联系,鼓励其从多角度、多层面探索知识的内在规律,形成开放、灵活的思维方式。

在教学内容的选择上,整体性课程设计应聚焦于反映学科交叉融合的重大主题或现实问题。这些主题或问题往往具有综合性和复杂性,需要运用多学科的知识和方法进行分析和解决。通过设置这类教学内容,学生不仅能够加深对各学科知识的理解,更能培养出分析问题、解决问题的综合能力,为未来的学习和发展奠定坚实基础。

教学活动的组织是实现整体性课程设计的关键环节。教师应采用项目化、情境化的教学方式,为学生提供综合运用知识的实践机会。例如,教师可以设计跨学科的研究性学习项目,要求学生运用不同学科的理论和方法解决现实问题;教师可以创设模拟现实情境,引导学生在具体情境中体验知识的综合应用。这些教学活动不仅能够增强学习的针对性和趣味性,还能促进学生综合素质的提升。

完善评价考核机制是保障整体性课程设计成效的一项重要举措。传统的学科考试往往注重对单一知识点的考查,难以全面评价学生的综合能力。为突破这一局限,教师应积极探索多元化的评价方式,建立过程性评价与终结性评价相结合的考核体系。过程性评价重在考查学生在教学活动中的表现,如参与度、合作精神、问题解决能力等;终结性评价则侧重于学生综合运用知识的能力,可采取论文、报告、作品等形式。这种全方位、多角度的评价机制,能够更加全面、客观地反映学生的学习状况,激励其不断进步。

(二)连续性学习体验

在中华优秀传统文化课程体系的构建中,确保学习活动与认知发展的连续性和衔接性至关重要。传统文化内涵博大精深,学生要真正理解和内化其中的智慧,需要循序渐进、逐步深入的学习过程。因此,课程设计应充分考虑学生认知发展的规律,根据其年龄特点和已有知识基础,合理安排教学内容和学习活动,实现难度的递进和知识的连贯。

具体而言,在小学阶段,传统文化课程应侧重于基础知识的传授和兴趣的培养。教师可以通过讲故事、唱儿歌、玩游戏等生动活泼的形式,让学生初步接触和了解中华优秀传统文化的内容,激发其学习热情。到了中学阶段,课程内容应逐渐深入和拓展，引导学生对传统文化进行更系统、更全面的学习。教师可以组织学生阅读经典著作、欣赏传统艺术、参与文化实践等，帮助其建构起完整的知识体系，提升文化素养。在大学阶段，传统文化课程应注重学生人文精神的塑造和价值观念的引领。课程内容不仅要涵盖传统文化的精髓要义，还要引导学生对其进行批判性思考和创新性继承。

在不同学习阶段之间，课程设计还应注意实现平稳过渡和有效衔接。小学阶段奠定的文化基础，应成为中学阶段学习的起点；中学阶段形成的知识架构，又可以作为大学阶段深入探究的前提。唯有如此，学生才能在连续而系统的学习中，不断加深对传统文化的理解和认同，最终将其内化为自身修养，外化为文明行为。

学习活动的设计也应体现连续性和衔接性的特点。在小学阶段，学习活动应以直观、具体和互动为主，如参观博物馆、体验传统手工艺等，让学生在身临其境中感悟传统文化的独特魅力。随着年龄的增长，学习活动应逐步向抽象化、理论化和探究化过渡，引导学生运用批判性思维，深入剖析传统文化的内在逻辑和时代价值。同时，各学习活动之间还应有机联系、相互促进，推动学生传统文化素养的不断提升。

（三）结构化知识的传授

结构化知识的传授是提高课程体系中知识组织逻辑性的关键。在中华优秀传统文化课程体系构建中，教师应立足学科特点和学生认知规律，整合零散、片段化的知识点，这不仅有利于学生建立起完整的知识框架，还能促进其形成系统化的思维方式。

具体而言，教师应深入研究课程内容，厘清各知识点之间的内在联系，构建起科学、合理的知识体系。在教学过程中，教师还应引导学生主动进行思考，鼓励其探索知识点之间的逻辑关系，帮助其内化、吸收这些知识。同时，教师可以运用思维导图、概念图等可视化工具，将抽象的知识关系直观地呈现出来，促进学生对知识的理解和把握。

结构化知识的传授应注重理论与实践的结合。中华优秀传统文化蕴含着丰富的哲学思想、人文精神和道德规范，这些内容不能仅停留在抽象的理论层面，而应落实到学生的现实生活中。教师可以通过设计体验式、探究式的教学活动，引导学生在实践中感悟传统文化的智慧，领会其中蕴含的价值观念。例如，在学习传统美德时，教师可以组织学生开展角色扮演、情景模拟等活动，让其在具体情境中体验、思考传统美德的内涵和意义。

结构化知识的传授还应突出中华优秀传统文化的当代价值和时代意义。传统文化并非一成不变、封闭僵化的，而是在历史发展中不断与时俱进、推陈出新的。教师应引导学生用发展的眼光看待传统文化，探寻其中的创新元素和时代价值，激发其传承创新传统文化的意识和能力。例如，在学习中华传统美学时，教师可以引导学生将其与现代设计理念相结合，探索传统美学在当代生活中的应用和转化。

三、灵活性原则

(一)课程内容的适应性与更新

课程内容的适应性与更新直接关系到课程体系的时代性和生命力。随着时代的发展和学科的进步，课程内容必须与时俱进，紧跟时代步伐，反映学科前沿，才能保持课程体系的活力和吸引力。传统文化课程体系建设更应注重这一点，因为传统文化本身就具有历史悠久、博大精深的特点，如果课程内容陈旧、脱离实际，不仅难以激发学生的兴趣，也无法真正实现传统文化教育的目标。

具体来说，传统文化课程内容的适应性与更新应体现在以下几个方面：首先，课程内容应紧密结合当前社会发展和文化建设的需要，将传统文化中的精华部分提炼出来，用于指导当代社会实践。例如，在"仁、义、礼、智、信"的传统美德教育中，可以深入阐释"信"的内涵和价值，引导学生树立正确的道德观和价值观。其次，课程内容应充分吸收学科领域的最新研究成果，及时更新知识体系。传统文化研究是一个充满生机的领域，不断有新的考古发现、文献整理结果、学术观点涌现出来。课程建设要深入一线,积极与学术界互动,将最新研究成果转化为教学内容,拓宽学生视野,提升课程的学术性和前沿性。再次,课程内容应关注学生的认知特点和接受能力,进行必要的梳理和转化。课程建设要从学生实际出发,对教学内容进行选择、组织和加工,以便学生更好地理解和掌握知识。最后,课程内容的更新还应体现时代性和交互性。一方面,要善于运用新媒体、新技术手段,以学生喜闻乐见的方式呈现课程内容,提高课程的吸引力和感染力。另一方面,要注重师生、生生之间的互动交流,鼓励学生践行体验、交流感悟,在实践中去感受传统文化的魅力,在讨论中去深化对传统文化的认识。

课程内容的适应性与更新是一项系统工程,需要课程建设者不断进取、开拓创新。唯有紧跟时代步伐,不断吸纳新鲜血液,传统文化课程体系才能焕发蓬勃生机,在育人实践中发挥独特作用。这既是传统文化教育工作者的责任所在,也是时代发展对传统文化课程建设提出的必然要求。

(二)教学方法与资源的多样化

传统的教学模式往往以教师为中心,强调知识的传授和技能的训练,较少考虑学生的个体差异和学习需求。这种"一刀切"的教学方式显然难以适应当今社会对人才培养的多元化要求。因此,教师必须根据不同学生的学习风格和认知特点,灵活调整教学策略,为其提供多样化的学习资源和学习途径。

具体而言,教师应该深入了解学生的学习倾向和思维方式,针对视觉型、听觉型、动觉型等不同类型的学习者,采取相应的教学手段。例如,对于偏好视觉学习的学生,教师可以通过图表、视频、动画等形象化的教学资源,帮助其直观地理解抽象的概念和原理;对于偏好动手实践的学生,教师则可以设计丰富的实验和项目任务,让其在动手操作中巩固知识、提升能力。同时,教师还应该充分利用信息技术手段,为学生提供个性化的学习支持。借助在线学习平台、智能教学系统等工具,学生可以根据自己的学习进度和兴趣爱好,自主选择学习内容和学习路径,实现因材施教、因需施教。

教学资源的多样化体现在学习环境的创设上。传统的课堂教学大多局限于教室内,学生难以接触到真实的语境和实践场景。而在灵活性原则的指导下,教师应该积极开拓课堂以外的教学空间,为学生创造丰富多彩的学习情境。例如,教师可以组织学生走进博物馆、科技馆、非物质文化遗产传习所等场所,让其在浸润式的文化熏陶中感悟中华优秀传统文化的深厚底蕴;教师可以引导学生参与社区服务、田野调查等实践活动,让其在与人交流、观察社会的过程中领悟做人做事的道理。这些生动鲜活的学习体验不仅能够激发学生的学习兴趣,还能帮助其将所学知识内化为自身修养和行为品质。

教学方法与资源的多样化是适应学生差异、满足学生需求的必然要求。只有立足学生的认知特点和学习风格,创新教学模式和手段,拓展学习的时空边界,才能真正实现因材施教,达到促进学生全面发展的目标。

(三)课程评估的多元化

课程评估作为教学过程中不可或缺的环节,对于保证教学质量、实现教学目标具有重要意义。传统的课程评估往往以期末考试为主,评价方式单一,难以全面反映学生的学习状况和个性特点。随着教育理念的更新和评价理论的发展,多元化的课程评估方式日益受到重视。多元化评估是指综合运用多种评价方法和手段,全面考查学生在知识、能力、情感等方面的发展情况,形成客观、准确的评价结果。

1. 多元化评估的实施有助于促进学生的全面发展

不同的评价方式能够从不同角度、不同侧面反映学生的表现,教师可以据此了解学生在认知、技能、情感态度等方面的优势和不足,有针对性地进行教学改进和个性化指导。同时,多样化的评价活动也为学生提供了展示特长、发掘潜能的机会,激发其学习兴趣和主动性。通过参与到论文写作、课题研究、实践操作等评价活动中,学生的创新意识和实践能力也能得到锻炼和提升。

2. 多元化评估有利于完善课程体系和教学内容

教师在设计评价方案时,需要全面分析课程目标,明确重点考查的知识点和能力点,这一过程本身就是对教学内容的梳理和优化。多样化的评价结果能够反映课程教学的实际效果,帮助教师发现教学中的薄弱环节,为教学改革提供依据和方向。长期坚持运用多元评估,能够推动课程内容的更新与完善,使其更能满足学生的学习需求。

3. 多元化评估符合教育评价的发展趋势

新课程改革强调要建立多元智能评价体系和个性发展评价体系,充分尊重学生的个体差异,鼓励其找到适合自己的发展路径。多元化评估正是践行这一理念的有效途径。通过采用灵活多样的评价方式,结合学生的兴趣特长进行针对性评价,能够更好地挖掘每个学生的潜力,帮助其形成积极向上的自我认知和良性发展。

第二节　课程体系的基本框架

一、课程目标与培养要求的制定

(一)课程目标的制定

课程目标不仅规定了教学的方向和重点,也为教学评价提供了标准和依据。在制定课程目标时,教师需要充分考虑学科特点、学生实际、社会需求等因素,确保目标的科学性、针对性和可行性。

从知识维度来看,课程目标应体现学科的核心内容和基本理论。教师应深入分析学科知识体系,提炼出最具代表性、最有学术价值的知识点,使之成为课程教学的重点。同时,课程目标还应反映学科前沿动态和最新研究成果,引导学生了解学科发展的趋势和方向。这不仅有助于拓宽学生的学术视野,激发其学习兴趣,更能培养其批判性思维和创新意识。

从能力维度来看,课程目标应着眼于学生关键能力的培养。在知识经济时代,能力已经成为衡量人才质量的一个重要标准。课程教学不应局限于知识的传授,还应注重学生分析问题、解决问题能力的增强。为此,教师在设置课程目标时,要高度关注学生思维能力、实践能力、创新能力等的培养,并将其细化为具体的教学任务和要求。

从价值维度来看,课程目标应体现学科的育人功能。每一门学科都蕴含着独特的价值追求和人文情怀,对学生价值观念的形成具有潜移默化的影响。因此,课程目标的设定不能仅仅局限于知识和能力层面,还应该关注学生情感、态度、价值观等非智力因素的培养。教师应该在课程目标中明确体现学科的价值导向,引导学生树立正确的世界观、人生观和价值观,促进其全面发展。

(二)培养要求的制定

培养要求的制定应该以课程目标为出发点和归宿点。中华优秀传统文化课程的总体目标是传承中华优秀传统文化,增强学生的文化自信。这一目标需要通过具体的培养要求来落实和体现。因此,在设计培养要求时,教师要始终围绕课程目标展开,确保培养要求与课程目标保持一致,避免出现偏离或脱节。

培养要求的制定应该考虑学生的认知特点和发展规律。中华优秀传统文化博大精深,内容丰富,不同年龄阶段的学生对其理解和接受能力存在差异。因此,教师要根据学生的年龄特点、认知水平等因素,设计难度适中、循序渐进的培养要求,力求做到因材施教、因时制宜。

培养要求的制定应该体现中华优秀传统文化的核心精神和时代价值。中华优秀传统文化蕴含着丰富的思想内涵和道德理念,如仁爱、正义、诚信、谦和等,这些都是培养要求中不可或缺的重要元素。同时,培养要求还应该与时俱进,充分彰显中华优秀传统文化在当代社会的意义和价值,引导学生将传统文化与现实生活相结合,在传承创新中实现自身发展。

培养要求的制定应该强调实践导向,注重学生能力的培养。中华优秀传统文化不仅仅是一种知识体系,还是一种生活方式和行为规范。因此,培养要求不能停留在知识的传授上,还要引导学生将所学知识内化为自身修养,外化为实际行动。教师可以通过设计丰富多样的实践活动,如诵读经典,来增强学生的文化实践能力,提升其综合素养。

培养要求的制定应该为教学实践提供明确的指引和评价标准。培养要求是课程目标在教学实践中的具体化和操作化,它对教师的教学活动具有直接的指导作用。因此,培养要求应该具有可操作性和可评估性,为教师的教学设计、教学组织、教学评价等提供明确的依据和参照。同时,培养要求也是评价学生学习效果的重要尺度,教师要根据培养要求来设计相应的评价指标和评价方式,客观反映学生的学习成果。

二、课程内容模块的设计

(一)体现中华优秀传统文化特色

体现中华优秀传统文化特色的内容模块设计是构建高质量的中华优秀传统文化课程体系的关键环节。这一设计过程需要深入挖掘传统文化的精髓,提炼其中蕴含的思想智慧、道德规范、审美情趣等丰富内涵,并将其转化为适合当代学生学习和接受的课程内容。在内容选择上,应重点关注能够体现中华民族独特精神气质和价值追求的典型文化事象,如儒家的"仁、义、礼、智、信"、道家的"道法自然"、佛家的"慈悲济世"等,使学生能够领会传统文化的核心要义。同时,还应兼顾不同地域、不同民族和不同时期的文化遗产,展现中华文明的多元一体格局,培养学生的文化包容性和开放心态。

在内容组织上,应遵循学生认知发展规律,循序渐进、由浅入深地安排教学内容。可以按照传统文化的发展脉络,设置先秦诸子百家、秦汉魏晋南北朝、隋唐五代、宋元明清等历史阶段,引导学生纵向把握传统文化的演进态势。也可以围绕哲学思想、文学艺术、史学传统、科技成就等不同主题,帮助学生横向梳理传统文化的多维内涵。无论是纵向还是横向的内容组织,都要突出传统文化的当代价值和现实意义,引导学生创造性地转化和运用传统文化资源,增强文化自信和民族自豪感。

在内容呈现方式上,应强调趣味性和体验性,充分利用文学作品、历史典故、艺术形象等生动活泼的载体,激发学生的学习兴趣。例如,可以组织学生欣赏唐诗宋词元曲,在诗词歌赋优美意境中领略传统美学的意蕴,提升审美素养和人文情怀。生动活泼、贴近生活的呈现方式有助于拉近传统文化与当代学生的距离,提高课程的吸引力和感染力。

内容模块的设计还应注重与其他学科的联系,挖掘传统文化的跨学科内涵,实现课程的综合化和立体化。中华优秀传统文化博大精深,涉及哲学、文学、史学、艺术等多个领域,因此,在设计课程内容时,应主动寻求与语文、历史、艺术等学科的对话,引导学生从不同视角解读传统文化,构建起完整的知识体系。如在语文教学中,可引入古代诗词歌赋的韵律之美,丰富学生的语言表达;在历史教学中,可借助家谱族谱探寻传统血缘文化,加深学生对家国情怀的理解;在艺术教学中,可融入书法、国画、戏曲等传统艺术形式,提升学生的美育素养。只有打破学科壁垒,才能全面展现传统文化的时代价值,提高课程的育人实效。

(二) 经典与现代交融

随着社会的不断发展和教育理念的持续更新,中华优秀传统文化课程的教学内容也应与时俱进,在传承经典的基础上不断创新。因此,在课程内容模块的设置上,既要体现中华优秀传统文化的精髓,又要契合当代学生的认知特点和学习需求。

传统经典是中华优秀传统文化的集中体现,承载着中华民族的精神追求和价值理念。《论语》《孟子》《庄子》等儒家、道家经典,既蕴含着丰富的人文思想,又体现出深邃的哲学智慧,对于帮助学生树立正确的世界观、人生观和价值观具有重要意义。因此,在课程内容模块的设置上,应该以传统经典为基础,引导学生深入研读、品味经典,领悟其中的思想精华。同时,教师还应该注重经典选读的科学性和针对性,根据学生的认知水平和接受能力,择取难度适中、内容典型的篇章,避免盲目追求面面俱到而导致学生的学习负担过重。

中华优秀传统文化应在历史发展的进程中不断与时代精神相融合,焕发出新的生命力。因此,在课程内容模块的设置上,还应该注重传统文化与现代社会的对接,引导学生从当代视角审视和理解传统文化的时代价值。例如,在学习传统美德时,教师可以引导学生思考诚信、友善等品质在现代社会人际交往中的重要性;在学习传统哲学思想时,教师可以引导学生反思其对于解决当代社会问题的启示意义。只有在经典与现代的交融中领悟文化精髓,学生才能真正将中华优秀传统文化内化为自身修养,外化为社会担当。

(三)跨学科整合

跨学科整合是构建多元融合的中华优秀传统文化课程内容的关键路径。传统文化是中华民族在长期发展历程中形成的宝贵精神财富,它涵盖了文学、哲学、艺术、科技、礼仪等诸多领域,内容丰富多彩、博大精深。将这些传统文化元素有机融入课程体系,需要突破学科界限,实现多学科的交叉与融通。

文学是中华优秀传统文化的重要载体。各类文学作品蕴含着丰富的人文内涵和审美价值,是学生了解传统文化、陶冶情操的重要途径。在课程设计中,教师可以选取不同时期、不同体裁的经典文学作品,引导学生品味其中的语言魅力和思想内涵。同时,教师还可以创设情境,鼓励学生仿写、续写或创作,在实践中感悟传统文学的精髓。哲学思想是中华文化的精华所在。儒、道、佛等思想流派对中国人的价值观念、人生态度产生了深远影响。将哲学思想融入课程,有助于学生形成正确的世界观、人生观和价值观。教师可以围绕"天人合一""修身、齐家、治国、平天下"等哲学命题展开讨论,引导学生思考人与自然、个人与社会的关系。

中华传统艺术形式多样,舞蹈、戏曲、书法、绘画等无不彰显着民族独特的审美情趣和人文精神。将艺术元素引入课程,能够激发学生的艺术兴趣,陶冶其高雅情操。教师可以利用多媒体手段,呈现不同艺术门类的代表作品,组织学生进行欣赏、体验和模仿,在潜移默化中提升艺术修养。另一方面,教师还可以引导学生探究艺术作品所反映的时代背景和价值追求,加深对传统文化的理解。

中国传统科技成就辉煌,四大发明、天文历法、医药农学等的发明创造影响深远。教师可以讲述古代科学家的故事,分析他们的治学态度和探索过程,激励学生刻苦钻研、勇于创新。同时,教师还可以设计趣味性实验,引导学生动手制作传统科技模型,在实践中感受古人的智慧结晶。

礼仪是维系社会秩序、塑造个人品德的重要手段。中华礼仪源远流长,内容包罗万象,涉及衣食住行、婚丧嫁娶等方面。将礼仪教育纳入课程体系,有利于提升学生的道德修养和文明素养。教师可以利用典故、画卷等形象化材料,生动呈现传统礼仪的内容和形式,引导学生在日常生活中践行礼仪规范。同时,教师还可以组织学生探讨礼仪背后的文化内涵和价值理念,加深对中华优秀传统美德的认同。

跨学科整合是一项复杂的系统工程,需要教师打破思维定式,不断拓宽知识视野。在实践中,教师应立足学情,遵循教育规律,围绕核心素养,精心挖掘各学科中的传统文化元素,灵活运用多种教学方法和手段,促进学科融合,实现传统文化的创造性转化和创新性发展。

三、课程结构的设计

(一)理论与实践相结合

在构建课程体系时,教师必须充分考虑理论教学与实践活动的有机统一,以提高学生对传统文化的理解和内化程度。系统完整的理论知识传授是中华优秀传统文化课程的基础。通过深入阐释中华文化的核心理念、价值观念和行为规范,教师能够帮助学生建立起扎实的文化认知框架,为后续的实践活动奠定基础。理论教学不仅要涵盖传统文化的方方面面,如儒家思想、道家哲学、古典文学等,还要注重挖掘其中蕴含的智慧精华,引导学生领悟传统文化的当代价值。

生动活泼的实践活动是理论教学的必要补充。单纯的理论灌输难以真正触动学生的心灵,引起其对传统文化的情感共鸣。而通过参与传统手工艺制作、经典诵读、国学社团等形式多样的实践活动,学生能够亲身体验传统文化的独特魅力,在潜移默化中加深对理论知识的理解和认同。实践教学不仅能够激发学生的学习兴趣,提高其文化自觉,还能培养学生传承创新传统文化的能力,使其成为中华优秀传统文化的忠实践行者。

因此,在中华优秀传统文化课程结构设计中,教师要科学规划理论教学与实践活动的比重,使二者形成互为支撑、相得益彰的关系。具体而言,教师可以根据不同教学内容的特点,灵活设计理论讲授与实践的时间分配和组织形式。对于偏理论的内容,如国学经典解读,教师可以适当增加课堂讲授的时间;而对于偏重践行体验的内容,如书法、茶艺,则可以通过开展工作坊、研习营等方式,为学生提供充分的实践机会。这样,教师能够最大限度地发挥二者的协同效应,使学生在知行合一中领略传统文化的深邃内涵。

(二)按层次设置结构

课程结构的合理设计直接影响到教学目标的达成情况和学生素养的提升情况。因此,教师要立足学生认知发展规律,遵循由浅入深、由易到难的教学原则,科学设计课程的层次结构。

基础层次的课程设置要着眼于夯实学生的文化基础。中华优秀传统文化博大精深,内容涵盖面广。对于初次接触这一领域的学生而言,过于复杂、抽象的内容可能会产生认知障碍,降低学习兴趣。因此,在基础层次,要精选最具代表性、最易理解的文化典籍和历史故事,通过生动形象的讲解、鲜活具体的案例,帮助学生建立起对传统文化的整体认知,激发其学习热情。例如,在讲授《论语》时,教师可以选取通俗易懂的章节,引导学生体会语言之美,感悟蕴含其中的做人道理。

随着学生文化素养的提升,课程结构要逐步向较高层次过渡。这一阶段的重点是拓宽学生的文化视野,提升其文化鉴赏力和理解力。教师要适时引入难度较高的文化经典,如《诗经》《楚辞》等,引导学生深入理解作品的思想内涵、艺术特色。同时,要注重培养学生的比较、分析、评价等高级思维能力。例如,在学习《红楼梦》时,教师可以引导学生比较贾宝玉、林黛玉、薛宝钗的性格特点,分析他们身上体现出的传统文化精神,进而评价这部经典巨著的现实意义。通过这些探究性的学习活动,学生能够形成更加系统、深入的文化认知,实现从知识到智慧的跨越。

课程结构设计还要为学生提供个性化发展的空间。每个学生的文化背景、兴趣爱好都存在差异,单一化的课程模式难以满足他们多元化的学习需求。因此,在高层次的课程中,教师要为学生提供更多选择的机会,鼓励其根据自身特点和发展期望,选修具有针对性、挑战性的专题课程。例如,对于文学创作有兴趣的学生,可以开设"古典诗词创作"专题,深入指导其创作技巧;对于书法爱好者,可以开设"书法艺术赏析"专题,邀请知名书法家现场指导。这些个性化的课程设置,能够最大限度地发掘学生的文化潜能,帮助其在传统文化的滋养下实现自我超越。

(三)提供个性化选择

教育的终极目标是促进每一个学生的全面发展,帮助他们最大限度地发掘自身潜能,实现自己的人生意义。在这一过程中,学校有责任为学生提供丰富多元的学习机会,满足他们个性化的发展需求。然而,传统的"一刀切"式课程设置显然难以适应这一要求。学生的兴趣爱好、认知风格、职业理想千差万别,单一化、标准化的课程内容和教学方式无法有效激发他们的学习动机,更谈不上培养其独特的才能和素质。

基于这一问题意识,提供个性化选择的课程结构就显得尤为重要和必要。所谓个性化选择,是指在共同必修课程的基础上,为学生提供丰富的选修课程,鼓励其根据自身特点和发展需求,自主规划学习内容和进程。这种课程结构具有显著优势:第一,它尊重学生的主体性,激发其学习兴趣和内在动力。当学生有机会根据兴趣爱好选择课程时,他们往往会具有更高的投入度和持久力。第二,个性化选择有利于发掘和培养学生的特殊才能。每个学生都是独特的个体,都有自己擅长和热爱的领域。单一化的课程设置容易抑制这些特质的形成和发展,而个性化选择则为其提供了用武之地。第三,个性化选择为学生的长远发展奠定了基础。通过自主选择和探索,学生不仅能够获得与未来职业和生活相关的知识技能,还能形成独立思考、自主学习的习惯和能力,为其终身发展提供持续动力。

实施个性化选择的课程结构对学校的教学资源、管理能力和师资水平提出了更高要求。学校需要开发出涵盖不同学科领域、难度层次的多样化课程,为学生提供更多选择。同时,学校还需要建立灵活的学分制管理系统,既要保证学生修习的课程符合培养目标的要求,又要为其个性发展留出空间。此外,教师也需要转变教学理念和方式,根据学生的特点和需求,因材施教,提供个性化的指导和帮助。

个性化选择绝不意味着放任自流,而是在宏观培养目标的指引下,为不同学生提供适合的发展路径和成长空间。学校要在坚持育人导向的同时,最大限度地激发和满足学生选择的需求。只有让学生成为教育的主角,成为自己成长的主人,成为未来人生的设计者和建造者,教育的意义才能真正实现。因此,提供个性化选择的课程结构不仅仅是教学组织形式的变革,还是一种尊重个体、面向未来的教育理念的体现。它昭示着教师必须从更高远的视角审视教育的本质,必须以更开放、更包容的心态对待每一个独特的生命个体,必须以更智慧、更灵活的方式引导学生探索无限的可能。

四、教学进度与课时的安排

(一)合理安排教学进度

在中华优秀传统文化课程体系构建中,教学进度的安排应充分考虑课程内容的逻辑关系、学生的认知特点以及教学时间的限制等因素,力求实现教学目标与教学资源的最优匹配。

1. 教学进度安排需要遵循知识的内在逻辑

中华优秀传统文化博大精深,内容涵盖历史、哲学、文学、艺术等多个领域。

教师在编排教学进度时,应认真梳理这些内容之间的逻辑关系,合理安排各个知识模块的学习顺序。例如,在学习传统美术之前,可以先介绍中国美学思想的发展历程,帮助学生理解中华美术的精神内核;在学习古典诗词之前,可以先讲授诗词格律、声韵等基础知识,为学生深入理解名篇佳作做好铺垫。这种循序渐进、环环相扣的教学进度设计,有利于学生系统掌握传统文化知识,构建起完整的知识体系。

2. 教学进度安排应充分考虑学生的认知规律和接受能力

中华优秀传统文化蕴涵着丰富的哲理和价值观念,部分内容较为抽象,学生理解起来可能存在困难。因此,教师在安排教学进度时,要遵循由浅入深、由易到难的原则,给学生预留足够的消化吸收时间。针对不同年龄阶段的学生,教师还应采取不同的教学策略和进度安排。例如,低年级学生可能更容易接受生动活泼的故事和具体形象的呈现方式,教学节奏可以适当放缓;而高年级学生思维逐渐成熟,可以适当增加理论分析和批判性思考的比重,教学进度也可以相对加快。教学进度的安排要与学生的认知水平相适应,既要达成预期教学目标,又要兼顾学生的接受能力,实现因材施教。

3. 教学进度安排需统筹考虑教学时间和教学资源的约束条件

中华优秀传统文化内容丰富,但学校教学计划所安排的课时往往有限。为了在有限时间内实现教学目标,教师必须合理规划每一节课的教学内容。一方面,要把握重点,对核心知识点给予充分讲解和反复训练;另一方面,要注重知识点之间的内在联系,通过合理穿插和过渡,提高教学效率。此外,教师还要充分利用各种教学资源,如经典文献、图像视频、文物实物等,创设沉浸式、交互式的学习情境,调动学生多感官参与,加深其对传统文化的理解和体悟。可以说,教学进度的统筹有序,教学资源的综合运用,是保证教学质量、提高学习效果的重要手段。

4. 教学进度安排应及时进行动态调整

教与学是一个动态互动的过程,教师必须根据学生的实际学习状态,适时调整教学计划和进度安排。通过随堂检测、课后作业、师生交流等多种方式,教师可以及时了解学生对知识点的掌握情况,发现学习过程中遇到的困难和问题。如果发现学生对某个知识点理解不够深入,或者学习兴趣有所下降,教师就要及时慢下脚步,通过重点讲解、生动示例、有针对性的练习等手段,帮助学生突破学习障碍,重拾学习动力。相反,如果学生展现出较强的学习主动性和接受能力,教师也可以适度加快教学节奏,引入拓展性的学习内容,满足学生进阶学习的需求。

(二)课时分配策略

课时分配是一门需要兼顾多重因素的艺术。在中华优秀传统文化课程体系中,理论授课与活动实践是两大关键环节,如何在有限的课时中合理分配二者的比例,直接影响着教学效果和学生的学习体验。

理论授课是学生学习和理解中华优秀传统文化知识的主阵地。通过系统化的知识讲解,教师可以帮助学生建立起完整的文化认知框架,掌握传统文化的基本内涵、发展脉络和时代价值。同时,理论课堂还是引导学生进行文化思辨,激发学生人文情怀的重要平台。在课堂讨论中,学生的文化素养和人文精神得以培育。

然而,仅仅依靠理论授课是远远不够的。学生需要在实践中去感悟、去体验中华优秀传统文化。活动实践正是学生将文化知识内化为自身修养的关键一环。通过参与传统手工制作、经典诵读、国学游戏等形式多样的文化实践活动,学生能够亲身领略传统文化的魅力,在潜移默化中加深对文化内涵的理解和认同。同时,在实践过程中,学生还能锻炼动手能力、表达能力、团队协作能力等多种素质,实现全面发展。

因此,在课时分配上,理论授课与活动实践缺一不可,二者相辅相成、相得益彰。一味偏重理论灌输,容易导致学生感到枯燥乏味,难以激发学习兴趣,而过度强调实践体验,又可能造成知识体系零散、文化认知肤浅的问题。教师必须根据课程内容、学生特点、教学条件等因素,在二者之间寻求最佳的平衡点。

一般来说,在课程初期,理论授课应占较大比重,为学生打下必要的知识基础。随着课程的深入,实践活动所占的比例可以逐步提高,引导学生学以致用,在实践中加深文化认知。同时,教师还要注重理论与实践的有机融合,可以在理论课上穿插一些小型实践环节,或者在实践活动后及时进行理论总结和提升,做到知行合一、学用结合。

需要强调的是,课时分配是一个动态调整的过程。教师要充分发挥教学智慧,根据教学实际灵活调整理论与实践的比例。有时为了突出某个重要知识点,可以集中较多课时进行理论讲解;有时为了活跃课堂气氛、调动学生积极性,又可以适当增加实践活动的时间。关键是要把握好节奏,始终围绕教学目标,最大限度地发挥课时的效用。

第三节 课程的教学方法与手段设计

一、传统讲授法与互动式教学

(一)传统讲授法的作用与局限性

作为一种成熟的教学方式,讲授法以教师为主导,通过口述、板书等形式向学生传授知识,在基础知识和理论框架的传授方面具有明显优势。在有限的课堂时间内,教师可以利用讲授法高效地向学生阐释课程的核心内容,引导学生快速建立起完整、系统的知识体系。通过讲解概念的内涵与外延、理论的来龙去脉,讲授法能够帮助学生厘清学科的基本脉络,夯实专业学习的基础。

讲授法在应用中也存在一定局限性。由于这种教学方式以教师为中心,学生往往处于被动接受的地位,缺乏主动参与和探究的机会。如果教师过度依赖讲授法,忽视了学生的认知特点和学习需求,就可能导致教学内容枯燥乏味、学生学习兴趣低下的问题。久而久之,学生的创新意识和实践能力就难以得到有效培养,不利于其综合素质的提升。

在实际教学中,教师应努力优化教学设计与组织实施流程。一方面,教师要精心设计教学内容,合理把握讲授的广度和深度。对于重点、难点知识,教师可以通过深入浅出的讲解、恰当的例证帮助学生理解并掌握;对于一般性的知识点,教师则可以适当压缩讲授时间,给学生留出自主学习和讨论交流的空间。另一方面,教师还应重视讲授方式的创新,增强教学的趣味性和互动性。例如,教师可以利用多媒体手段丰富讲授内容,运用图像、视频、动画等形式生动呈现抽象的概念和理论;教师可以适时提出问题或者引导学生分小组讨论,提高课堂参与度。

(二)互动式教学概述

互动式教学是一种以学生为中心、强调师生互动和生生互动的教学模式。它强调教学过程中教师与学生、学生与学生之间的双向交流与互动。在互动式教学中,教师不再是知识的权威和传授者,而是学生学习的引导者、组织者和合作者。通过精心设计教学环节,创设生动有趣的教学情境,教师能够有效激发学生的学习兴趣,调动其参与教学活动的积极性。

互动式教学的核心在于师生互动和生生互动。在师生互动中,教师通过提问、讨论、辩论等方式,引导学生深入思考问题,表达自己的观点和看法。在这一过程中,学生不仅能够加深对知识的理解,还能够锻炼自己的语言表达能力和批判性思维能力。同时,教师也能够及时了解学生的学习情况和思维状态,根据反馈信息调整教学策略,提供更具有针对性的指导。在生生互动中,学生通过小组合作、同伴互助等方式,共同探讨问题、解决难题。这种协作学习不仅能够促进知识的内化和巩固,还能够培养学生的团队意识和沟通能力。在与他人的交流碰撞中,学生能够接触到不同的观点和思路,拓宽自己的认知视野,形成更加开放、包容的思维方式。

互动式教学的优势在于提升学生学习的积极性。传统教学模式下,学生往往处于被动接受知识的地位,容易产生厌学情绪,学习效果也不尽如人意。而在互动式教学中,学生成为教学活动的主体,有更多机会参与到知识的建构过程中,对学习内容产生主人翁意识。这种参与感和获得感能够极大地提升学生的学习动机,激发其对知识的渴求。同时,在与教师、同伴的互动交流中,学生能够及时消除对知识的误解,加深对概念、原理的理解。这种基于实际情境的知识应用,比死记硬背更加有利于知识的内化和迁移。

需要指出的是,互动式教学的实施对教师的素质和能力提出了更高要求。教师不仅要具备扎实的学科专业知识,还要掌握多样化的教学方法和策略,能够根据教学内容和学生特点灵活开展互动活动。这就要求教师在教学实践中不断反思、创新,探索适合自己和学生的互动教学模式。此外,教师还要具备良好的组织管理能力,能够有效控制课堂秩序,引导互动活动朝着既定目标有序开展。只有教师不断加强自身建设,提升互动教学的意识和能力,才能真正发挥互动式教学的优势,提升教学效果。

二、角色扮演教学法

(一)角色扮演教学法的理论基础

角色扮演教学法作为一种以学生为中心的教学方式,其理论基础源于建构主义学习理论和体验式学习理论。建构主义学习理论强调学习是学生主动构建知识的过程,学生不是被动地接受知识,而是在与环境的互动中,通过同化和顺应的方式不断修正和完善自己的认知结构。在角色扮演教学中,学生通过扮演不同角色,设身处地地体验角色的思想感情和行为方式,在与他人的互动中积极建构知识体系,加深对所学内容的理解。

体验式学习理论则强调学习应该与现实生活紧密相连,学生通过亲身体验和反思,在实践中学习和成长。库伯的体验式学习模型将学习过程划分为具体体验、反思性观察、抽象概念化和主动实验四个阶段,形成一个循环往复、不断深化的学习螺旋。角色扮演教学法正是体验式学习理论在教学实践中的典型应用。学生在扮演角色的过程中,应亲身感受和体验角色的喜怒哀乐,通过反思和讨论提炼出抽象的概念和原理,并运用到新的情境中加以验证和巩固,从而实现理论与实践的紧密结合。

角色扮演教学法之所以能够增强学生的学习体验,根本原因在于它模拟了现实情境,为学生提供了身临其境的学习机会。在角色扮演活动中,学生需要根据角色的身份、背景、处境等设定采取相应的言行,这就要求其全身心投入,调动感知觉、思维、情感等,在与他人的互动中深化对知识的理解。这种沉浸式的学习体验不仅能够激发学生的学习兴趣,调动其主动性和创造性,还能促进其综合素质的提升。

角色扮演教学法还能培养学生的移情能力和社会交往能力。在扮演角色的过程中,学生需要换位思考,设身处地地理解他人的处境和感受。同时,角色扮演活动往往是在小组合作中进行的,学生需要与他人密切配合、协调行动,这对其沟通表达能力、团队协作能力的提升大有裨益。

(二)角色扮演活动的步骤

1. 选择主题

主题应该紧密围绕中华优秀传统文化的核心内容,如儒家思想、道家哲学、中医养生等。同时,主题还应该具有一定的时代性和现实意义,能够引发学生的共鸣。例如,在当前社会转型期,设计以"传统家庭伦理"为主题的角色扮演,引导学生思考如何在现代社会中弘扬孝敬父母、尊老爱幼等传统美德,就是一个很好的选择。

2. 设计具体的角色和情境

主题确定后,教师要根据学生的年龄特点、认知水平等因素,设计具体的角色和情境。角色设计应该典型化,能够体现不同的性格特点和价值取向。例如,在"传统家庭伦理"主题中,可以设计"孝顺儿女""叛逆青年""开明长辈"等角色,通过他们在特定情境中的对话和互动,展现家庭成员之间的矛盾冲突和温馨场面。情境设计则要贴近学生生活,能够引发其情感共鸣。同时,情境还应该具有一定的悬念性和开放性,为不同角色的展现留出空间。

3. 进行角色分配

教师要充分考虑学生的个性特点和兴趣爱好,因材施教,让每个学生都能找到适合自己的角色。对于内向、胆怯的学生,可以分配一些相对简单的配角;对于外向、活跃的学生,则可以让其挑战一些性格鲜明的主角。此外,为了让每个学生都有表现的机会,可以采取轮流扮演的方式,让学生在不同角色中切换。

4. 教师要适时给予指导和点拨

一方面,要鼓励学生深入体验角色,揣摩人物性格,思考其言行背后的动机和价值观念;另一方面,要引导学生客观分析不同角色之间的矛盾冲突,理解问题的复杂性,学会换位思考。同时,教师还要关注学生的情绪变化,对演绎过程中出现的问题及时进行疏导和化解,营造良好的教学氛围。

5. 教师要组织学生进行讨论和反思

引导学生梳理角色扮演的过程,分享自己的体验和感悟。鼓励学生从不同角度评价人物,辨析是非。同时,教师还要带领学生将角色扮演中的情境和问题与现实生活相联系,讨论如何运用传统文化智慧解决现实问题,实现自身全面发展。

三、个性化教学手段

个性化教学是新时代教育改革的重要方向,其核心在于尊重学生个体差异,满足学生多样化的学习需求。传统的"一刀切"式教学模式已经难以适应新形势下人才培养的要求,因此,深入推进个性化教学改革,创新教学内容和方法,成为广大教育工作者的共识和努力方向。

个性化教学的实施需要建立在全面了解学生特点的基础之上。每个学生都是独特的个体,他们在认知方式、学习风格、兴趣爱好等方面存在着显著差异。教师要深入分析这些差异,准确把握学生的个性特点,从而有的放矢地开展教学。通过问卷调查、观察访谈、测评等多种方式收集学生信息,绘制学生画像,是实施个性化教学的重要前提。

在教学目标的设定上,个性化教学强调因材施教、分层教学。教师要根据学生的实际学习水平和发展潜力,制定不同层次、不同类型的教学目标。既要关注学生共性发展的需要,又要最大限度地满足学生个性发展的诉求。在学习任务的安排上,教师应充分尊重学生的主体地位,为不同层次的学生提供相应的学习资源和指导。对于基础较好的学生,可以布置一些富有挑战性的拓展任务,引导其进行深度学习和创新探索;而对于学习有困难的学生,则要给予更多的关注和帮助,通过分层教学和个别辅导等方式,帮助其突破学习障碍,提升学习信心。

在教学内容的选择和组织上,教师应根据学生的不同需求和特点,有针对性地进行调整和优化。对于基础较好的学生,教师可以适当增加教学内容的深度和广度,引导其探索更高层次的知识和技能;对于学习有困难的学生,教师则需要进一步梳理和巩固基础知识,提供更多的练习和反馈机会。同时,教师还应关注学生的兴趣爱好,尽可能将其融入教学内容中,激发学生的学习动机和热情。

在教学方法和策略的选择上,个性化教学也提出了更高的要求。传统的班级授课模式显然难以满足学生个性化学习的需求,教师需要灵活运用多种教学方法和手段,为不同学生提供差异化的学习支持。例如,对于学习自主性较强的学生,教师可以采用探究式、项目式等教学方法,鼓励其进行自主学习和探索;对于学习动机较低的学生,教师则可以通过合作学习、游戏化教学等方式,营造轻松愉悦的课堂氛围,提高学生的参与度和积极性。

个性化教学的核心在于因材施教,根据每个学生的特点和需求提供恰如其分的教育。这就要求教师在教学中充分尊重学生的个体差异,不断调整和优化教学方案,为学生的个性化发展提供适宜的土壤。同时,教师还应注重学生的全面发展,只有在教师的精心设计和悉心指导下,学生才能最大限度地发挥自身潜能,实现个性化、多元化的发展。

第四节 课程评价与反馈机制的构建

一、课程评价体系的标准制定

(一) 设定评价目标

中华优秀传统文化课程评价目标的设定,应立足于课程的根本目的和教学实践,以促进学生的全面发展为落脚点。评价标准的制定需要充分考虑该课程所蕴含的丰富内涵和多元价值,既要反映知识传授、能力培养等基本要求,又要体现情感态度、价值观塑造等深层次目标。只有构建起科学合理、切实可行的评价标准体系,才能为教学过程提供有力的导向和评判依据,推动课程目标的有效达成。

从知识维度来看,课程评价标准应关注学生对中华优秀传统文化基本知识的掌握程度。这不仅包括对文化典籍、历史事件、人物典故等方面的了解和认知,还涉及对文化精髓、思想内核的理解和内化。在评价过程中,教师可以通过知识测试、课堂提问、小组讨论等多种方式,考查学生的知识储备和理解能力,引导其建构起系统完整的文化知识体系。同时,评价标准还应突出考查学生对知识的实际应用能力。

能力维度是中华优秀传统文化课程评价的重点所在。在评价标准中,应设置明确的能力指标,考查学生在文化鉴赏、思辨分析、创新表达等方面的表现。通过引导学生赏析经典篇章、品位传统艺术,评价其人文素养和审美能力的提升情况;通过设置开放性问题、组织专题讨论,评价其逻辑思维和批判性思维的发展;通过布置创意性任务、开展文化实践,评价其想象力和创新能力的培养。能力导向的评价标准有利于突破知识传授的局限,激发学生主动参与、勇于探索的学习热情,促进其综合素质的全面提高。

在价值观念方面,评价标准的设定应充分彰显中华优秀传统文化的精神内核和时代价值。通过引导学生体悟"仁爱、正义、尊贤"等传统美德,评价其道德情操;通过引导学生传承"刚健有为,自强不息"的进取精神,评价其意志品质和担当意识;通过引导学生弘扬"和而不同,兼容并蓄"的包容理念,评价其开放心态和全球视野。将价值教育融入评价标准,有助于学生形成积极向上的人生观和世界观,树立民族自信和文化自觉,为其终身发展奠定坚实的基础。

(二)制定科学合理的评价指标

评价指标应该从定性和定量两个维度出发,既要考查学生的知识理解和技能掌握程度,又要关注其在情感态度、价值观念等方面的变化与提升。在具体设计评价指标时,需要遵循以下原则:

一是指标要全面覆盖课程目标。中华优秀传统文化课程旨在帮助学生系统掌握传统文化知识,提升文化传承能力,提高文化自信心与认同感。评价指标的设置应紧紧围绕这些目标,兼顾知识、能力、情感等不同层面,形成完整的指标体系。例如,在知识层面,可设置经典文化篇章理解、文化常识掌握等指标;在能力层面,可设置古代诗词吟诵、传统艺术展示等指标;在情感态度层面,可设置对传统美德的认同、民族自豪感等指标。只有做到指标的全面性,评价结果才能真实反映学生的学习成效。

二是指标要具有可测性和可操作性。评价指标不能停留在抽象的表述上,而应该细化到可以观察、可以测量的具体行为和表现上。定性指标的描述要明确具体,定量指标的标准要切合实际。同时,指标还要与评价方法相匹配,现有的评价条件和资源要能支撑指标的有效实施。例如,"理解和欣赏中华传统诗词的艺术魅力"这一指标可以通过让学生撰写、赏析文章来进行考查,"展示中国传统艺术才能"可以通过考查学生的表演水平来进行评价。只有使指标可测可操作,评价过程才能规范有序地开展。

三是指标要兼顾共性要求和个性特点。评价指标的制订应在国家课程标准基本要求的基础上,充分考虑不同地区、学校的实际情况,为因材施教提供空间。

一方面,指标设置要体现课程的主干内容和核心素养;另一方面,指标又要为不同的教学对象留有弹性空间,鼓励学校和教师根据办学特色、学生特点进行创造性的实践探索。只有在统一性和灵活性之间把握分寸,评价指标才能激发基层教育的活力。

四是指标要突出中华优秀传统文化的特色内涵。评价指标的设置应体现中华传统文化的独特魅力和时代价值,注重对学生的人文素养、家国情怀的考查。例如,可以将中华传统美德践行、爱国主义情感培育纳入考评指标,引导学生在传统文化学习中坚定文化自信、强化责任担当;可以设置传统技艺展示、非遗项目体验等指标,引导学生在亲身参与中感悟中华文化的独特魅力。只有彰显传统文化特色,评价指标才能凸显课程的育人导向。

(三)优化评价流程

评价流程的设计需要充分考虑课程目标、教学内容、学生特点等多方面因素,力求全面、客观和精准地评估教学效果和学生发展情况。

评价流程的优化应遵循以下原则和步骤。首先,要明确评价目的,即评价结果将用于改进教学、指导学生发展还是选拔优秀人才等,不同的评价目的对应不同的评价标准和方法。其次,要界定评价主体,除了教师评价之外,还可以引入学生自评、互评以及家长、社会等多元评价主体,以提高评价的可信度和公正性。最后,要拟定评价指标,既要包括知识、能力等方面的客观指标,也要涵盖学习态度、价值观念等主观指标,同时还要兼顾共性和个性、定性与定量、过程与结果等维度,形成科学完备的指标体系。

还需要选择恰当的评价方式和工具。传统的笔试考核虽然便于操作和量化,但难以全面考查学生的实践能力、创新意识等。因此,有必要采用实践考核、使用开放性试题、引入项目式学习等多样化的评价方式,综合运用测验、访谈、观察、作品分析等评价工具,全方位、多角度地收集评价信息。

与此同时,评价过程的组织实施也至关重要。要制定详细的评价方案和实施细则,明确各环节的任务分工和时间进度,确保评价活动有条不紊地开展。评价实施过程中,还要重视评价数据的分析与反馈,通过科学的统计方法揭示数据背后的规律和问题,形成评价报告,并与教学各方及时沟通,发挥评价的诊断、激励和导向作用。

二、形成性评价与终结性评价的结合

(一)形成性评价的重要性

形成性评价是指在学习过程中对学生学习状态和进展的持续性评价。它强调评价的过程性、反馈性和诊断性功能,旨在通过及时、有效的反馈帮助学生发现问题,改进学习策略,提高学习效率。在中华优秀传统文化课程的教学中,形成性评价发挥着尤为重要的作用。

传统文化课程内容博大精深,涉及历史、哲学、文学、艺术等多个领域,学生在学习过程中往往会遇到理解障碍和认知困难。如果缺乏及时的评价和反馈,学生容易产生挫败感,失去学习兴趣。而形成性评价能够动态监测学生的学习状况,针对学生在知识掌握、能力培养、情感态度等方面存在的问题提供针对性指导,帮助其及时调整学习策略,克服学习困难。这种过程性的评价和反馈,能够有效提升学生的学习效率,增强其学习信心和动力。

形成性评价还有助于促进教师根据学情及时调整教学方法和进度。通过收集学生的学习数据和反馈信息,教师能够及时发现教学中存在的问题,优化教学设计,创新教学模式。例如,如果发现大多数学生对某一知识点理解不深入,教师就可以采取重点讲解、小组讨论等方式加强针对性教学;如果发现学生普遍缺乏对传统文化的兴趣,教师就可以通过情境教学、探究式学习等方式激发学生的参与热情。这种教学反思和调整的过程,能够提升课堂教学的针对性和实效性,提高教学质量。

形成性评价还能帮助学生养成自主学习、反思总结的良好习惯。在形成性评价中,学生不再是被动的评价对象,而是主动参与到评价过程中来。通过自评、互评等方式,学生能够及时发现自己在学习中的优点和不足,学会客观评价自己和他人,养成自我监控、自我反思的意识和能力。这种元认知能力的培养,对学生未来的学习和发展具有深远影响。

(二)终结性评价的角色

在中华优秀传统文化课程体系构建中,终结性评价扮演着至关重要的角色。它不仅可以对学生的学习成效进行总结性考查,还可以对课程实施效果进行全面检验。终结性评价通过系统地测量学生在知识、能力、情感态度等方面的进步,客观反映出课程目标的达成情况,为教学改进提供了宝贵的依据。

具体而言,终结性评价主要关注学生在中华优秀传统文化素养方面的综合表现。这不仅包括学生对国学经典、传统美德、民族精神等内容的理解和掌握程度,还涵盖了学生在文化传承、价值认同、跨文化理解等方面的能力和情感态度。为了全面评估这些维度,终结性评价通常采用多元化的考核方式,如闭卷考试、开放性论文、项目展示等,力求从不同角度考查学生的文化素养。

终结性评价并非简单的结果评判,而应该注重对学生发展的激励和引导作用。评价结果不仅要反馈给学生本人,帮助其客观认识自身的优势和不足,还要为教师优化教学策略、改进课程设计提供参考。通过终结性评价,教师可以发现课程实施中的问题和不足,进而有针对性地调整教学内容、创新教学方法,不断提升课程质量。

终结性评价还应体现中华优秀传统文化的特点和要求。评价内容应紧扣课程目标,重点考查学生对中华文化精髓的领悟和内化;评价标准应兼顾科学性和人文性,既要客观公正,又要充分尊重学生的个性发展;评价过程应渗透传统文化的思想方法,如重视过程体验、注重感悟提升等,引导学生在评价中加深对传统文化的理解和认同。

(三)构建动态评价机制

形成性评价与终结性评价相结合构成了动态评价体系的基础,它不仅注重对学生学习结果的考核,还关注学习过程的诊断和改进。形成性评价贯穿于教学全过程,通过观察学生的课堂表现、分析作业完成情况、组织小组讨论等方式,及时了解学生的学习状态和存在的问题。这种持续性的过程评价能够为教师优化教学策略、调整教学进度提供重要依据。同时,形成性评价重视学生的主体地位,鼓励其参与到评价过程中来,如开展同伴互评、自我评价等,促进学生反思自己的学习,找出不足,并积极寻求改进的方法。这有助于增强学生的元认知能力和自主学习意识。

与形成性评价相配合,终结性评价在教学单元或学期结束时对学生的学习成果进行系统考核。传统的终结性评价往往偏重笔试成绩,容易忽视学生的实际应用能力和创新潜质。因此,有必要丰富终结性评价的内容和形式,将知识、能力、情感态度等纳入评价范围。除了笔试,还可以采用实践操作、项目展示、论文写作等多元化的评价方式,全面考查学生对知识的掌握程度和综合运用能力。终结性评价还应体现层次性,根据学生的个体差异设置不同难度的评价任务,既要保证基本要求,又要为优秀学生提供挑战的机会,以最大限度地发掘每个学生的潜力。

动态评价机制的建立依赖于形成性评价和终结性评价的有机结合。一方面,形成性评价为终结性评价提供重要参考,帮助教师更准确地判断学生的实际学习效果。另一方面,终结性评价又能检验形成性评价的针对性和有效性,督促教师持续优化评价策略。二者相辅相成,共同服务于教与学的改进。此外,动态评价机制还强调师生之间、生生之间的双向互动和有效反馈。教师要与学生保持密切沟通,通过评价引导学生认识自我、发现问题,并给予具体指导和鼓励,帮助其不断进步。学生也应主动寻求教师的评价和建议,虚心听取意见,并付诸行动。同时,生生之间的相互评价和启发也不可忽视,学生通过小组合作、交流讨论等,能够取长补短、相互促进,营造良好的学习氛围。

三、教师评价与学生评价的综合运用

(一)教师评价内容与标准

教师在教学过程中发挥着不可或缺的关键作用,教师评价作为教学评价体系的重要组成部分,对于保障教学质量、推动教师专业发展具有重要意义。科学、合理的教师评价内容和标准,能够准确反映教师的教学能力和工作表现,激励教师潜心教学、勇于创新,不断提升教学水平。

1. 教师责任是教师评价的首要内容

教师肩负着教书育人的神圣使命,承担着传道授业解惑的重任。因此,评价教师首先要考查其是否忠诚于教育事业,是否具有强烈的责任心和使命感。一名优秀的教师应该以身作则,为人师表,严于律己,爱岗敬业,全身心地投入教学工作中。同时,教师还应关爱每一个学生,尊重学生的个体差异,因材施教,努力实现教学相长。只有始终怀揣教育理想,坚守教书育人的初心,教师才能在教学实践中焕发出蓬勃的生命力。

2. 教师参与度是衡量教学投入的重要指标

教学是一项系统工程,需要教师在备课、授课、作业、辅导、考核等各个环节付出辛勤的劳动。教师投入的时间和精力越多,教学效果往往也就越好。因此,在评价教师时,应该重点考察其是否认真备课,是否精心设计教学环节;是否上课认真负责,是否态度端正;是否耐心批改作业并及时给予了反馈;是否热情辅导学生并耐心解答疑问;是否公平公正地进行考核评价。一个对教学充满热情的教师,必然会全身心地投入,竭尽全力地培养学生。

3. 教学方法是提高课堂教学效率的利器

在新课改背景下,教学方法日新月异,不断推陈出新。倡导启发式、探究式、讨论式、参与式等教学方法,注重培养学生的创新精神和实践能力。教师运用科学的教学方法组织教学,能够调动学生的学习积极性,激发学生的求知欲望,引导学生主动思考、积极实践,从而达到良好的教学效果。因此,评价教师的教学水平,需要考查其是否根据教学内容和学生特点,灵活采用多种教学方法;是否注重师生互动、生生互动,是否注重营造民主、活跃的课堂氛围;是否重视现代信息技术与教学的深度融合,用好用活各种教学资源。只有不断更新教学理念,与时俱进,勇于创新,才能紧跟时代发展步伐,推动教育教学不断改进。

(二)学生评价的内容与方法

学生评价是深度挖掘教学效果,促进学生全面发展的重要途径。在评价内容上,应重点关注学生的课堂参与度、知识理解力和创造力。

学生的课堂参与度直接影响着教学质量和学习效果。积极参与课堂讨论、勇于提出问题、认真完成作业,都是学生参与度高的表现。教师应采取多种方式鼓励和引导学生主动参与,如设置开放性问题、组织小组合作学习等,营造良好的课堂氛围。

学生对知识的理解力是学习效果的集中体现。理解力不仅包括对基本概念、原理的掌握,还强调对知识的内化和灵活运用。评价学生理解力时,教师可以通过提问、测验、案例分析等方式,考查学生对知识的领会和应用能力。同时,鼓励学生用自己的语言表述所学内容,加深理解和记忆。

创造力是学生发展的关键能力,也是评价的重点内容。在信息时代,知识更新速度加快,单纯的知识储备已难以适应社会发展需求。而创造力可以帮助学生突破思维定式,提出新颖的见解和解决方案。评价学生创造力时,要注重过程性评价,关注学生在探究、实践中的创新意识和创新行为。同时,鼓励学生进行跨学科学习,拓宽知识视野,激发创新灵感。

在评价方法上,学生评价应采取多元化策略,实现评价主体、评价方式的多样化。首先,学生评价不应局限于教师评价,还应吸收学生自评和生生互评。引导学生开展自我反思和同伴评议,有助于其客观认识自我,找出不足,明确改进方向。其次,学生评价要打破单一的结果评价模式,重视过程性评价和发展性评价。过程评价关注学生在学习过程中的表现和进步,激励其持续进步。发展性评价则强调从学生的个体特点和发展潜力出发,因材施教,促进每个学生的健康成长。最后,学生评价还应善用多种评价工具,如学习档案袋、成长记录手册等,全面记录和反映学生的发展变化。

(三) 综合评价的构建

综合评价的构建需要在教师评价和学生评价之间寻求平衡,形成一个双向互动、相互促进的评价机制。教师评价侧重于对教师在备课及教学过程中的评估,重点考查其教学内容、教学方法以及教学责任等方面。通过教师评价,有利于推动教师的专业发展,不断提升其教学水平。

学生评价强调学生的主体地位和参与意识。一方面,学生可以通过自我评价,反思自己的学习过程,评估学习效果,找出优缺点,明确努力方向。另一方面,学生还可以通过互评,相互启发,取长补短。学生评价有助于培养学生的自主学习能力和批判性思维,使其成为学习的主人。

构建综合评价机制,需要将教师评价和学生评价有机结合,发挥各自优势。教师评价为学生提供专业性指导,学生评价则强调自主性和参与性。二者相辅相成,形成合力。在实践中,可以采取多种形式,如教师评价与学生自评、互评相结合,定性评价与定量评价相结合,形成性评价与终结性评价相结合等。通过灵活运用各种评价方式,既能全面考查学生的发展情况,又能调动学生的学习积极性。

综合评价还应与课程目标紧密联系,突出中华优秀传统文化课程的特点。评价内容应涵盖学生对传统文化知识的理解、对传统美德的认同、对传统技艺的掌握等方面。评价标准应体现中华优秀传统文化的价值取向,如对于"仁、义、礼、智、信"等的践行情况。同时,评价过程应渗透中华优秀传统文化的精髓,如强调"教学相长""因材施教"的理念。

第四章　中华优秀传统文化课程的有效实施

第一节　课程实施的准备与计划

一、学生特点与需求分析

（一）了解学生的学习基础和认知特点

学生在生理发育、心理成熟、知识积累等方面存在显著的个体差异,这就决定了他们在学习能力、认知风格、兴趣爱好等方面也各不相同。因此,教师必须深入分析学情,充分考虑学生的知识背景、思维方式、学习习惯等因素,才能因材施教,提供符合学生认知规律的教学内容和学习活动。

学生的认知发展具有阶段性的特征。随着年龄增长和知识经验的丰富,学生的思维能力不断提升,对知识的理解和运用日益深入。皮亚杰的认知发展理论指出,人的认知发展依次经历感知运动阶段、前运算阶段、具体运算阶段和形式运算阶段。不同阶段学生的思维特点、信息加工方式存在显著差异。教师必须充分了解各年龄段学生的认知发展水平,根据其思维能力设计教学内容,创设适宜的问题情境,引导学生主动建构知识体系。

学生的认知也呈现出一定的共性特征。青少年正处于身心发展的关键时期,求知欲强,思维活跃,想象力丰富。但同时,他们的自控力较差,容易受环境和情绪影响。教师应抓住学生认知的发展规律,激发其学习兴趣,培养科学探究精神。同时,还要营造轻松愉悦的课堂氛围,采用直观形象的教学方式,避免过于抽象的理论分析,帮助学生理清知识脉络,突破认知障碍。

考虑到学生学习基础和认知特点的差异性,教师还应因人分层教学,为不同层次的学生提供个性化的学习支持。对基础薄弱的学生,教师要耐心指导,细致讲解重点难点,通过反复训练帮助其巩固知识技能;对学习能力强的学生,教师则可布置一些富有挑战性的任务,鼓励其拓展思路,挖掘创新潜力。教学内容和方式的设计都应体现因材施教的理念,最大限度满足不同学生的发展需求。

(二)准确把握学生的文化需求和兴趣倾向

只有深入调研学生的文化背景、价值观念、学习态度等,才能有的放矢地制定教学目标,选择教学内容,优化教学方法,最大限度地激发学生的学习热情,提升课程教学的针对性和实效性。

调研学生的文化需求,需要教师充分利用各种渠道,多角度、多层次地收集学生信息。一方面,教师可以通过问卷调查、访谈座谈等方式,直接了解学生对中华优秀传统文化的认知程度、兴趣爱好、学习诉求等。通过分析学生的反馈数据,教师能够准确把握学生群体的整体特点和个体差异,为后续的教学设计提供可靠依据。另一方面,教师还应该充分挖掘学生在日常学习生活中表现出的文化倾向。例如,学生在课堂讨论、社团活动、节日庆典等场合的言行,都能够折射出其文化视野和价值取向。教师需要敏锐地捕捉这些细节,深入分析其中蕴含的文化意涵,进而判断学生的实际需求。

在全面调研的基础上,教师还应该高度关注学生文化兴趣的异质性和多样性。当代学生成长于多元文化交融的时代,其文化视野呈现出开放性和包容性的特点。他们对中华优秀传统文化的兴趣点往往呈现出多样化的特征,既有对经典国学著作的推崇,也有对传统美术、音乐、戏曲等艺术形式的喜爱;既有对传统节日习俗的向往,也有对诗词歌赋等文学形式的钟情。教师必须充分尊重学生的个性化选择,满足其多元化需求。与此同时,教师还要引导学生拓宽文化视野,激发其对更广阔文化领域的探索欲望,不断提升其文化鉴赏力和审美能力。

深入调研学生的文化需求与兴趣倾向,是实施中华优秀传统文化课程的基础性工作。它为文化课程的定制化设计提供了可靠的数据支撑和理论依据,有助于教师根据学情设计教学目标,优化教学内容,创新教学模式,最终实现课程育人的功能。在新时代背景下,教师应该不断增强调研意识,创新调研方法,准确把握学生特点,为传统文化教育的改革发展提供持久动力。

(三)了解学生的认知特征和心理需求

在中华优秀传统文化课程实施过程中,要充分结合学生身心发展的特点,以促进学生全面而均衡的发展为目标,精心设计教学内容和活动。学生在不同年龄阶段具有不同的认知特征和心理需求,教师必须深入了解这些特点,才能提供恰如其分的教学引导,实现因材施教。

从认知发展的角度看,中小学生的思维逐步从具体形象向抽象逻辑过渡。低年级学生以直观形象思维为主,更容易接受生动有趣、贴近生活的教学内容;高年级学生的抽象思维能力不断提高,可以引导其对文化现象进行分析和概括。因此,教师要根据学生认知发展水平,合理设置教学难度和深度,引导学生在原有认知基础上不断拓宽视野、深化理解。例如,在教授传统节日时,低年级教师可以通过绘本、手工等形象直观的方式引入,让学生感受节日氛围;高年级教师则可以通过引导学生讨论节日的起源与发展,分析其中蕴含的文化内涵,引发更深层次的思考。

从情感发展的角度看,中小学生的自我意识逐渐清晰,对外界事物的态度日趋主动。教师应顺应这一特点,注重引导学生树立文化自信,主动传承和弘扬中华优秀传统文化。教学中要创设丰富多样的体验活动,如组织文化实践、开展传统技艺学习等,让学生在亲身参与中获得情感体验,增强文化认同感。同时,教师还要注意挖掘教材中的情感元素,引导学生从不同角度感悟中华文化的博大精深,唤起学生的民族自豪感和使命感,为其提供心灵成长的滋养。

从个性发展的角度看,每个学生都是独特的个体,有其特有的兴趣爱好和禀赋特质。开展中华传统文化教育,要尊重学生的个性差异,因材施教。教师可以通过问卷、谈话等方式深入了解每个学生,根据其特点设计差异化的学习任务,鼓励学生从不同角度、以不同方式参与文化学习。例如,对于语言表达能力强的学生,可以引导其参与讲故事、演讲比赛等活动;对于动手能力强的学生,可以鼓励其参与剪纸、刺绣等传统工艺制作活动。在发挥学生特长的同时,也要注意拓宽其知识面和能力范围,实现更全面的发展。

二、制订详细的教学计划

(一)制定教学目标

教学目标的制定直接决定着教学内容的选择、教学活动的组织以及教学评价的实施。科学、合理的教学目标不仅能够为教师的教学实践提供明确的方向和标准,还能够激发学生的学习兴趣,引导其主动探索,最终实现知识、能力、情感态度与价值观的全面发展。

在中华优秀传统文化课程中,教学目标的制定应立足课程的育人功能,紧扣中华文化的精髓要义,突出思想性、艺术性和时代性的有机统一。具体来说,知识目标应包括传统文化的基本内容、精神内涵以及当代价值,引导学生全面认识和深刻理解中华优秀传统文化的丰富内涵和现实意义。能力目标应着眼于学生文化素养的提升,注重培养其鉴赏能力、思维能力、表达能力和创新能力,使其能够在传承传统文化的基础上进行创造性转化和创新性发展。而情感态度与价值观目标则应关注学生人文精神的塑造,引导其树立文化自信,形成正确的世界观、人生观和价值观,成为具有家国情怀和全球视野的新时代人才。

教学目标的制定还应遵循循序渐进、由浅入深的原则,充分考虑学生的认知基础和接受能力。对于初中阶段的学生,教学目标应更加侧重于知识的传授和兴趣的培养,帮助其建立起对中华优秀传统文化的基本认知框架。而在高中阶段,教学目标则应更加强调能力的训练和情感的熏陶,引导学生在掌握系统知识的基础上进行深入思考和体悟,形成正确的价值取向。同时,教学目标的制定还应兼顾不同学生的个体差异,为每一位学生提供契合其特点和需求的发展空间。

教学目标一经确定,就应转化为具体的教学活动和评价标准。教师应根据教学目标的要求,精心设计教学内容,创设富有吸引力和感染力的教学情境,调动学生的主动性和创造性。在教学过程中,教师还应及时了解学生的学习状态,根据反馈信息动态调整教学策略,确保教学目标的达成。而在教学评价环节,教师更应立足教学目标,构建多元化的评价体系,综合考查学生的知识、能力和素养,真正实现教学评价的导向和激励功能。

(二)设计教学内容

在中华优秀传统文化课程的教学中,教师应根据课程总体目标,结合各单元主题,精心设计教学内容,在知识、能力、情感态度与价值观等方面形成合力,最终实现立德树人的根本任务。

从知识层面来看,教学内容的设计应覆盖中华优秀传统文化的方方面面,包括思想理念、历史典故、文学艺术、生活习俗等。教师要深入挖掘其中蕴含的智慧,提炼出核心概念和关键主题,使学生能够系统掌握中华文化的基本内涵。同时,教学内容还应兼顾广度与深度,既要体现文化的多样性和包容性,又要突出重点、聚焦主题,避免泛泛而谈、浅尝辄止。

从能力层面来看,教学内容的设计应注重提升学生的综合素养。传统文化不仅是知识的宝库,还是能力培养的沃土。教师要充分利用传统文化资源,创设问题情境,引导学生开展探究性学习,在分析问题、解决问题的过程中提高思辨能力和创新能力。此外,诵读经典、学习国学等活动也有助于学生语言表达、审美鉴赏等能力的发展。

从情感态度与价值观层面来看,教学内容的设计应注重对学生价值观的引领和塑造。中华优秀传统文化蕴含着丰富的道德思想和人文精神,如仁爱、正义、诚信、责任等,对于学生形成正确的世界观、人生观和价值观具有重要意义。教师要选取富有教育意义的素材,引导学生感悟传统美德,树立文化自信,培养家国情怀。

教学内容的设计还应遵循学生身心发展规律,做到循序渐进、由易到难。对于低年级学生,可选取贴近生活、易于理解的素材,通过讲故事、演故事等方式,激发其学习兴趣;对于高年级学生,则可适当增加内容的深度和难度,引入哲学思辨、艺术鉴赏等内容,促进其综合素养的提升。

(三)分配教学时间

　　教学时间的分配直接关系到教学内容的实施进度和教学目标的达成情况。在中华优秀传统文化课程教学中,合理优化课时安排,科学把控学习节奏,对于提升课程教学质量,确保教学的有序开展具有重要意义。

　　课时安排的首要原则是要符合学生的认知规律和学习特点。中华优秀传统文化博大精深,内容涉及历史、哲学、文学、艺术等多个领域,学生在学习过程中容易感到枯燥乏味,难以理解。因此,教师要充分考虑学生的知识基础和接受能力,在课时安排上给予学生足够的时间和空间去消化吸收,避免因教学进度过快而导致学生难以跟上节奏,产生畏难情绪。同时,教师还要注重课时内容的连贯性和递进性,每一节课的教学都应与前后课程有机衔接,环环相扣,循序渐进,引导学生逐步建构起系统完整的知识体系。

　　在具体的课时分配上,教师要立足教学内容,区别对待。对于相对简单、容易理解的知识点,可以适当压缩课时,避免内容重复、低效冗余;而对于重点难点内容,要给予更多的课时保障,通过反复讲解、深入剖析来帮助学生理解、掌握。同时,教师还要预留一定的弹性课时,用于学生的课堂互动、练习巩固以及针对学生差异化需求的个性化辅导。合理使用弹性课时,既能激发学生的参与热情,加深对知识的理解,又能兼顾不同学生的学习需求,做到因材施教、有的放矢。

　　在统筹课时安排时,教师还要综合考虑课程教学与其他教育教学活动的关系,加强课内与课外、线上与线下的有效衔接。例如,教师可以利用课余时间布置预习任务,引导学生提前了解所学主题,为课堂教学做好铺垫;教师可以通过组织社团活动、研学实践等方式,为学生提供沉浸式的文化体验。通过课内外、线上线下的有机融合,学生能够全方位、多角度地感悟中华优秀传统文化的深邃内涵,真正做到学以致用、知行合一。

三、准备必要的教学材料与工具

(一)教学用书与资料

在编选教学用书与资料时,教师应充分发挥其专业特长,精心筛选能够搭建知识架构,体现学科内在逻辑的优质教材。一本好的教材不仅要包含丰富、准确和前沿的学科知识,还要能体现教育教学规律,符合学生认知发展特点。教师要深入研读教材,梳理其中的重点难点,厘清知识之间的内在联系,进而设计出循序渐进、环环相扣的教学内容体系。在这一过程中,教师的学科素养和教学智慧至关重要。

教师还应广泛搜集与教学内容相关的各类资料,如文献资料、案例素材、实践数据等。这些资料可以极大地丰富课堂教学内容,增强教学的说服力和吸引力。通过引入鲜活生动的案例,学生能够更直观地理解抽象的理论知识;通过接触前沿的研究成果,学生又能开阔学术视野,激发探究热情。在资料的选择上,教师要有所取舍,择其精华,去其糟粕,确保所选资料能够支撑教学目标的实现。

(二)辅助教学工具

中华优秀传统文化课程辅助教学工具多种多样,这些工具旨在帮助学生更好地理解和传承中华优秀传统文化。以下是一些常见的辅助教学工具及其特点。

1. 传统教具

书法工具,包括毛笔、墨汁、生宣纸、墨盒(或墨盘)及水瓶等。这些工具是书法教学不可或缺的部分,通过亲自动手书写,学生可以深入体会书法的韵味和魅力。传统乐器,如古筝、二胡、笛子等,在中华传统音乐中占有重要地位。通过学习演奏这些乐器,学生可以感受音乐的韵律和节奏,同时加深对传统文化的理解和认同。

2. 现代教学技术工具

多媒体教学设备,包括投影仪、电脑、电子白板等。这些设备可以将传统文化知识以图像、视频、音频等多种形式呈现给学生,使教学内容更加生动、直观。教师还可以利用互联网和移动通信技术,搭建在线教学平台,实现远程教学。学生可以在家中或其他地方通过网络学习传统文化知识,打破时间和空间的限制。随着科技的发展,虚拟现实(VR)和增强现实(AR)技术可以模拟古代场景和文物,让学生身临其境地感受传统文化的魅力。例如,通过VR技术参观古代宫殿、博物馆等,通过AR技术观看古代文物的三维模型等。

3. 特色教学工具

国学教具套装,如活字印刷术DIY套装、唐诗三百首卡片机等。这些教具套装将传统文化知识与动手实践相结合,让学生在动手制作和游戏中学习传统文化知识。此外,传统文化主题教具,如以四大发明、传统节日、传统服饰等为主题的教具。这些教具通过具体、形象的展示方式,帮助学生更好地理解传统文化的内涵和特色。

四、建立有效的沟通与协作机制

(一)师生沟通

在中华优秀传统文化课程的实施中,师生间建立教与学的双向互动更显得尤为关键。通过积极、平等的交流,教师能够深入了解学生的学习需求、思维方式和价值取向,从而有针对性地调整教学内容和方法,提高课程的针对性和实效性。同时,学生也能够在与教师的互动中积极表达自己的想法,获得及时的反馈和指导,激发学习兴趣和主动性。

构建教师与学生之间良性互动的关键在于营造民主、平等和开放的课堂氛围。教师应摒弃传统的"满堂灌"式教学,鼓励学生畅所欲言,提出问题,发表见解。在讨论传统文化议题时,教师要以开放包容的态度倾听学生的观点,尊重差异,引导学生在交流碰撞中加深对文化内涵的理解。同时,教师还要注重引导学生进行批判性思考,学会从多角度、多层面审视传统文化,在继承优秀文化遗产的同时,对其中的糟粕进行反思。这种探究式的互动模式不仅有利于学生文化素养的提升,更能培养其独立思考、理性分析的能力。

教师还应充分利用现代信息技术手段,拓展教学互动的时空维度。课前,教师可通过网络平台发布预习资料,引导学生提出疑问,为课堂教学做好铺垫;课后,教师可利用在线交流工具及时解答学生困惑,帮助学生巩固课堂所学知识。这种线上线下相结合的互动方式能够突破课堂教学的局限,满足学生个性化、多样化的学习需求。

在教学互动过程中,教师还要注重因材施教,针对不同学生的特点采取差异化的沟通策略。对于内向、慢热型学生,教师可以通过课后交流、书面反馈等方式,循序渐进地引导其敞开心扉,表达想法;对于好强、好辩型学生,教师则要悉心引导,帮助其学会倾听,尊重他人,培养合作意识。只有做到因材施教,才能真正实现教学相长,达成育人目标。

(二)教师协作

教师作为课程实施的主体,只有通过不同教师间的紧密协作、优势互补,才能最大限度地发挥集体智慧,提升教学质量。

教师协作的首要任务是形成统一的教学理念和目标。中华优秀传统文化课程内容丰富、意蕴深刻,不同的教师可能会对其有不同的理解和侧重。因此,教师团队必须通过充分的交流和讨论,在教学理念上达成共识,明确课程的育人目标,这是开展有效协作的前提。只有如此,教师才能形成合力,向着同一方向努力。

在教学实施过程中,教师协作的重点在于资源共享和经验交流。每位教师都有自己的专长和特点,如果能够彼此分享教学资源,互相借鉴教学经验,就能够取长补短,优势互补。例如,擅长故事讲述的教师可以为其他教师提供生动鲜活的案例素材,而熟悉信息技术的教师可以帮助其他教师完善多媒体课件的制作。通过这种密切的协作交流,教师团队的整体素质和教学水平必将得到提升。

教研活动是教师协作的另一重要平台。通过集体备课、说课评课、经验分享等教研活动,教师能够共同探讨教学中遇到的难点和疑点,研究解决问题的策略和方法。这种"集思广益"不仅能够提高教研效率,而且有利于教师之间相互启发、共同进步。定期开展教研活动,能够营造浓厚的教学研究氛围,激发教师的积极性和创造性。

校本研修也是促进教师协作的有效途径。学校可以根据自身特点和课程需要,开展形式多样的校本研修活动,如专题讲座、经验交流会、教学沙龙等。这些活动为教师搭建了相互学习、共同提高的平台,有助于促进教师在教育教学理论、文化素养等方面的专业成长。通过参与校本研修,教师能够开阔视野、更新教学理念,为更好地开展教学协作奠定基础。

(三)家校沟通

在中华文化的传承过程中,家庭始终扮演着重要角色。作为个体社会化的起点,家庭环境深刻影响着学生的价值观念、行为习惯和人格品质。因此,学校在开展传统文化教育时,必须重视发挥家庭教育的独特优势,努力形成学校、家庭协同育人的良好格局。

为了推动学校与家庭在传统文化教育中形成合力,双方应加强沟通交流,建立常态化的互动机制。学校可以定期举办家长会、开放日等活动,向家长介绍课程设置、教学内容、育人目标,帮助家长深入了解学校的文化育人理念和实践路径。同时,教师还应主动与家长保持联系,及时反馈学生在校的学习和成长情况,倾听家长的意见建议。家长则要积极配合学校工作,营造良好的家庭学习氛围,引导孩子感悟中华文化的博大精深。只有学校与家庭携手同行,才能形成教育合力,为学生的健康成长提供坚实保障。

学校还可以创新家校合作模式,鼓励和支持家长参与到传统文化的教育中来。例如,学校可以邀请热爱并有所研究的家长来校举办讲座,与学生分享他们对中华传统文化的独到见解和人生感悟;学校可以组织亲子活动,引导家长与孩子共同参与传统手工艺制作、经典诵读等体验式学习,在亲子互动中感受传统文化的魅力。家长的示范和引领不仅能够帮助学生加深对传统文化的理解和认同,更能激发其对传统文化传承、创新的使命感和责任感。

家校共建的教育共同体不仅有利于中华优秀传统文化课程的落地生根,还是学生塑造高尚品格,实现全面发展的重要保障。在传统文化浸润下成长的学生,既能传承民族文化基因,又能立足时代进行创新发展,为中华民族伟大复兴贡献智慧和力量。因此,学校应该审时度势,不断完善家校沟通合作机制,激活家庭教育在文化传承中的生命力。只有如此,中华优秀传统文化的火种才能在青少年心中生生不息、薪火相传。

第二节 课堂教学与活动组织

一、互动式课堂教学设计

(一)设计原则

以学生为中心的教学设计理念强调学生的主动参与和体验式学习。在这个理念指导下,教师不再是知识的权威传授者,而是学习过程的组织者、引导者和促进者。教师的主要任务是创设有利于学生参与和体验的教学情境,激发学生的学习兴趣和动机,引导学生通过主动探索和实践构建知识体系,培养学生的创新精神和实践能力。

要实现以学生为中心的教学,首要前提是尊重学生的个体差异和学习需求。每个学生都是独特的个体,他们在认知基础、学习风格、兴趣爱好等方面存在着显著差异。因此,教师要深入了解学生的学情,根据其特点设计多样化的教学活动,提供个性化的学习支持,最大限度地满足不同学生的学习需求。同时,教师还要营造民主、平等、融洽的课堂氛围,鼓励学生大胆质疑、勇于表达,充分调动其学习的主动性和积极性。

在教学过程中,教师要精心设计体验式、探究式的学习活动,让学生在实践中感受和领悟中华优秀传统文化的意义与价值。例如,在开展文学作品教学时,教师可以组织学生开展角色扮演、创意改编等活动,引导其在体验和创造中感悟作品的思想内涵和艺术魅力。这些体验式学习不仅能够加深学生对知识的理解和掌握,还能锻炼其观察力、想象力、创造力等关键能力。

以学生为中心的教学还要注重培养学生的元认知能力和自主学习能力。教师要引导学生主动思考学习目标、学习策略、学习过程,学会调控和评价自己的学习,逐步成为学习的主人。为此,教师可以指导学生制订个人学习计划,鼓励其独立探究问题,引导其总结反思学习经验。同时,教师还要营造开放、互助的学习氛围,搭建学习共同体平台,促进学生之间的交流与合作,在协同探究中共同提升。

(二)实施策略

在教学实践中,教师应根据教学内容和学生特点,灵活运用多元化的互动形式和技巧,激发学生的学习兴趣,提高课堂参与度。具体而言,互动式教学可以通过提问、讨论、角色扮演、情景模拟等方式展开,引导学生主动思考、积极表达和深度参与。

在设计互动环节时,教师需要精心设计问题,提出具有开放性、探索性和挑战性的问题,鼓励学生从不同角度分析问题、提出见解。同时,教师还应营造民主、平等和宽松的课堂氛围,尊重学生的个体差异,给予学生充分的表达空间,培养学生的自信心和勇气。在互动过程中,教师应注重引导学生深入思考,启发学生进行比较、分析、综合、评价等高阶思维活动,提升学生的理解能力和批判性思维能力。

互动式教学还应重视学生的情感体验。在传统文化的学习中,学生不仅要掌握知识技能,还要形成正确的价值观念和道德情操。教师可以通过讲述历史故事、分享人物事迹等方式,引发学生的情感共鸣,帮助学生感悟传统文化的精神内涵,树立文化自信。在互动环节中,教师还可以设计一些体验性活动,如诵读经典、书法练习、传统手工艺品的制作等,让学生在亲身实践中感受中华优秀传统文化的魅力,提升学生的学习兴趣和文化认同感。

互动式教学的实施也需要一定的策略和技巧。教师要根据教学内容和学生特点,合理控制互动的节奏和频率,避免过于频繁或肤浅的互动。同时,教师还应关注学生的反馈,及时调整互动方式和内容,确保互动的针对性和有效性。在组织小组讨论或合作学习时,教师要精心设计任务,合理分配角色,引导学生积极思考、平等交流和相互启发,促进学生协作能力和社交能力的提升。

二、多样化的教学方法

(一)教学方法的分类

教学方法是达成教学目标、提高教学质量的关键要素。在中华优秀传统文化教学中,教师应根据教学内容和学生特点,灵活运用讲授法、探究法、合作学习法、游戏化教学法等多种方法,充分调动学生的学习积极性,促进其全面发展。

1. 讲授法

教师通过生动形象的语言描述、深入浅出的分析阐释,将文化知识传授给学生。在讲授过程中,教师可以穿插故事、典故、诗词等元素,增强教学的趣味性和吸引力。同时,教师还应注重与学生互动,通过提问、讨论等方式,引导学生主动思考,加深对知识的理解和掌握。

2. 探究法

探究法强调学生的主体地位,鼓励其自主探索、主动建构知识体系。在传统文化教学中,教师可以设置开放性问题,引导学生查阅资料、分析论证,通过自主探究获取新知识。探究过程不仅能够培养学生的自学能力、思辨能力,还能够增强其文化自信和民族自豪感。

3. 合作学习法

合作学习法倡导学生之间的相互协作、共同进步。教师可以结合教学内容，设计小组合作项目，如实地考察、经典诵读、戏曲演绎等。在合作过程中，学生通过分工协作、交流讨论，共同完成学习任务。这不仅能够促进知识的内化，还能够增进学生之间的沟通理解，提升其团队意识和协作能力。

4. 游戏化教学法

游戏化教学法以寓教于乐为宗旨，通过情境设置、角色扮演等方式，将枯燥的知识学习转化为生动有趣的游戏体验。在传统文化教学中，教师可以借助信息技术手段，开发文化主题游戏，如猜谜、问答、闯关等。学生在游戏中不知不觉接受熏陶，加深对传统文化的理解和认同。同时，游戏化教学还能够激发学生的参与热情，营造轻松愉悦的课堂氛围。

（二）教学方法的选择

在中华优秀传统文化教育中，选择适宜的教学方法对于实现教学目标、提高教学质量具有重要意义。传统文化内容博大精深，涵盖哲学思想、文学艺术、历史典故等多个方面，不同的内容对应着不同的教学重点和难点。教师必须根据学生的认知特点和学习需求，因材施教，灵活运用多种教学方法，才能激发学生的学习兴趣，帮助其深入理解传统文化的精髓。

从学生的认知发展特点来看，中小学生处于形象思维向抽象思维过渡的阶段，对具体、生动和形象的内容更感兴趣。因此，在教授传统文化知识时，教师应多采用直观演示、情境教学等方法，利用图片、视频、实物等多媒体手段，将抽象的文化概念形象化，帮助学生建立起鲜活的认知。例如，在教授传统节日习俗时，教师可以带领学生动手制作花灯、剪纸等，让学生在实践中感受传统文化的魅力。

从传统文化的内容特点来看，许多经典著作和历史典故蕴含着深邃的哲理和人生智慧，需要学生进行深入的思考和领悟。因此，教师应注重引导学生自主探究,鼓励其提出问题、发表见解,通过师生互动、生生讨论等方式,加深学生对传统文化内涵的理解。例如,在学习经典著作时,教师可以设置开放性问题,组织学生分组讨论,引导其思考人生价值、社会责任等重大命题。

从学生的学习需求来看,传统文化教育不仅要传授知识,还要注重学生人文素养和传统美德的培养。因此,教师应积极创设体验情境,引导学生在实践中感悟传统文化的价值内涵。例如,在教授中华传统美德时,教师可以组织学生参与敬老爱幼、扶贫助困等社会实践活动,引导其在行动中践行仁爱、友善等美德。

三、组织丰富的传统文化活动

(一)活动设计

传统文化蕴含着丰富的思想内涵和深厚的历史积淀,但对于当代学生而言,这些内容可能显得过于抽象和晦涩。如何让学生真正领悟传统文化的精髓,感受其独特的魅力,是每位教育工作者面临的挑战。而精心设计的文化活动,正是化解这一难题的有效途径。

传统文化活动的设计应立足于中华优秀传统文化的特色与价值。每个传统节日、每项传统技艺、每一种民俗风情,都蕴含着深刻的文化内涵和独特的美学价值。例如,春节体现了中华民族的团圆意识和仁爱精神;书法承载着中国人对线条和韵律的审美追求;戏曲展现了传统艺术的综合魅力。教师应深入挖掘这些文化元素,将其作为活动设计的灵感源泉和素材宝库。

在具体设计时,教师应充分考虑学生的认知特点和兴趣爱好。对于低年级学生,可以设计一些参与性强、趣味性高的活动,如民俗游戏、手工制作等,让他们在轻松愉悦的氛围中感受传统文化的魅力。对于高年级学生,则可以开展一些探究性和创造性更强的活动,如古典诗词创作、戏曲表演等,引导他们主动探索传统文化的内涵,表达自己的文化认同和情感体验。

传统文化活动应注重体验性和沉浸感。书本上的文字描述和图片展示,往往难以全面再现传统文化的生动形象。而身临其境的体验,则能让学生全方位感受传统文化的魅力。例如,组织学生参观古建筑,让他们亲身感受中国传统建筑的气势与内涵;邀请非遗传承人来校展示技艺,让学生近距离欣赏传统工艺的精湛与美妙。这些沉浸式的体验,能够在学生心中播下传统文化的种子,激发他们主动学习和传承的热情。

传统文化活动还应重视现代元素的融入和创新转化。中华优秀传统文化并非一成不变,而是在不断与时俱进中焕发出新的生机。将传统文化与现代艺术、科技等元素相结合,能够增强活动的吸引力和感染力。例如,在传统剪纸活动中引入激光雕刻技术,让学生感受传统工艺与现代科技的奇妙碰撞;在古典诗词吟唱中融入现代音乐元素,让优美的诗句在悦耳的旋律中绽放异彩。这种创新性的尝试,能够让传统文化焕发出新的魅力,引起学生的共鸣和思考。

(二)活动实施

在传统文化活动中,教师需要根据活动主题和学生特点,合理设置活动内容和形式。活动内容应紧扣中华优秀传统文化的精髓,突出其思想内涵和时代价值,同时也要贴近学生生活,激发其参与热情。活动形式则要力求多样化和互动性,可以采用讲座、研讨、竞赛、展演等多种方式,调动学生的多种感官并激发他们的智力潜能,使其在身心愉悦中感悟传统文化的魅力。

在活动组织过程中,教师要充分发挥引导者和组织者的作用。一方面,教师要透过生动形象的语言、鲜活典型的案例,引导学生准确理解和把握传统文化的内涵,帮助其树立正确的文化价值观;另一方面,教师要合理分工、统筹协调,提前做好活动场地、器材、流程等各个环节的准备工作,确保活动的有序开展。同时,教师还要注重营造和谐、愉悦和宽松的活动氛围,鼓励学生畅所欲言、积极互动,在交流碰撞中加深对彼此和传统文化的理解。

学生的广泛参与是传统文化活动取得实效的关键。为此,教师应采取多种措施激发和调动学生的参与热情。在活动前,教师可以通过悬挂横幅、张贴海报、发放传单等形式进行宣传发动,提前向学生介绍活动的主题、内容、形式等,吸引其关注并积极参与;在活动中,教师要为学生提供充分展示的平台,鼓励其通过朗诵、演讲、辩论等方式抒发自己的观点和感悟,获得成就感和荣誉感;在活动后,教师还可以组织学生撰写心得体会、开展讨论交流,引导其及时梳理和内化活动所得,并对活动进行反馈评价。

此外,学校还应加强与社区、文化机构的联系与合作,整合各方资源,为学生参与传统文化活动创造更多的机会和条件。通过走出校园、走进社区,学生能够在更广阔的空间里感受传统文化的多元形态和生活化表达,并在与社区居民的互动中获得更为直观、鲜活的文化体验。同时,学校还可以邀请非物质文化遗产传承人、民间艺人等走进校园,以讲座、演出、手工制作等形式向学生展示传统技艺的精湛和传统美德的珍贵,增强学生的文化自信,激发其传承、创新的使命感和责任感。

(三)活动评价与优化

对于传统文化活动而言,活动评价不仅能够为活动的持续优化提供重要依据,还能够促进学生对传统文化的深入理解。在评价过程中,收集学生、教师、家长等各方主体的反馈至关重要。通过问卷调查、访谈座谈、现场观察等多种方式,可以全面了解活动的效果、不足之处以及改进的方向。评价不应局限于活动结束之后,而应贯穿于活动的全过程。通过及时收集反馈意见,可以动态调整活动方案,使其更加符合学生的需求和兴趣。

在评价内容上,既要关注学生对传统文化知识的掌握程度,还要注重其情感态度和价值观念的塑造。传统文化活动的根本目的在于培养学生的文化自信和民族认同感,帮助其树立正确的世界观、人生观和价值观。因此,评价不能仅停留在表面的知识层面,而应深入挖掘活动对学生精神世界的影响。通过学生的言行表现、情感变化等,判断活动是否达到了预期目标,是否真正触及了学生的内心。

活动评价的结果应该得到充分运用,成为持续优化活动的动力源泉。一方面,对于成功的活动经验,要总结提炼,形成可推广、可复制的优秀案例,为今后的活动组织提供借鉴。另一方面,对于暴露出的问题和不足,要深入分析原因,制定针对性的改进措施,不断提升活动的质量和效果。只有建立起"评价—反馈—改进"的良性循环机制,才能推动传统文化活动不断迈上新台阶。

第三节 教学资源的整合与利用

一、校内外传统文化资源的整合

(一) 评估与筛选校内传统文化资源

教师应当全面梳理校内现有的与传统文化相关的实体资源,如图书馆藏书、档案文献、历史文物、校园建筑等,评估其在教学中的应用价值。同时,要充分挖掘校内人力资源的潜力,发掘具有传统文化专长的教师,邀请他们参与课程建设和教学活动。教师还应关注学生社团活动,鼓励学生成立传统文化社团,开展传统技艺培训、经典诵读等活动。

校内传统文化实体也是极具教学价值的资源。教师可以充分利用校园内的古建筑、石碑、雕塑等,开展实地考察和体验式学习。例如,组织学生探访校史馆,感悟学校的历史变迁和文化积淀;参观校内的名人故居、纪念馆,领略先贤大家的风范和精神。通过身临其境的考察和学习,学生能够对传统文化有更加直观、立体的认识,增强文化自信和民族自豪感。

对校内传统文化资源的筛选需要把握四个原则。一是要符合课程目标,选择能够支撑课程内容、彰显文化精髓的优质资源;二是要契合学生特点,考虑不同年龄阶段学生的认知水平和兴趣爱好,提供有针对性的资源;三是要丰富多样,涵盖文献典籍、史料档案、器物标本等不同类型,满足学生多元化的学习需求;四是要便于利用,优先选择存储状态完好、数字化程度较高的资源,以减轻教师和学生的使用负担。

在传统文化资源筛选过程中,教师要发挥主导作用,但也要重视学生的参与。可以邀请学生参与资源评估,听取他们的意见和建议;鼓励学生自主搜集、制作传统文化资源,激发其学习兴趣和创新意识;组织学生参与资源整理,引导其在实践中加深对传统文化的理解。通过师生协同,多方参与,不断充实和完善资源库,为课程实施提供有力支撑。

(二)与校外机构建立合作关系

建立与博物馆、文化中心等校外资源的合作关系是丰富和拓展中华优秀传统文化课程资源的重要途径。博物馆作为文物收藏、展示和研究的专门机构,其馆藏文物承载着丰富的历史信息和文化内涵,是学生直观了解和感受中华传统文化的重要载体。通过与博物馆合作,学校可以组织学生参观文物展览,聆听专业讲解,参与互动体验活动,使他们沉浸式地感受传统文化的魅力。同时,博物馆的藏品也为教师备课提供了丰富的素材,有助于创设生动形象的教学情境。

文化中心作为城市文化建设和传播的重要阵地,通常会开展形式多样的传统文化活动,如非遗展演、传统技艺体验、经典诵读等。学校与文化中心合作,可以为学生提供参与传统文化实践的机会。在亲身体验传统技艺、聆听国学经典吟诵的过程中,学生能够更加直观地感受传统文化的独特魅力,加深对优秀传统文化的理解和认同。同时,文化中心的专业人员也可以走进校园,为师生举办讲座、工作坊等活动,传播传统文化,解答师生疑惑。

历史文化名城、古镇古村、非遗传承基地等也都是宝贵的校外传统文化资源。学校可以根据自身条件和教学需求,与这些机构建立长期稳定的合作关系。通过签订合作协议、建立实践教学基地等方式,学校可以获得优质的校外教学资源,丰富传统文化课程的教学形式和内容。同时,校外机构也可以借助学校平台宣传推广,实现互利共赢。

建立校外合作关系需要学校相关部门统筹规划,建立健全工作机制。首先,要成立专门工作小组,负责联系沟通、组织实施等具体事务;其次,要制定切实可行的合作方案,明确双方的权责利,以保障合作有序进行;再次,要做好师生服务工作,确保校外教学活动的安全性、教育性;最后,要注重总结提升,定期评估合作成效,优化、完善工作方式。

二、数字化教学资源的筛选与运用

(一)筛选高质量的数字化教学资源

教师在网络学习环境中筛选高质量的数字化教学资源,首要任务是评估这些资源的可靠性和教学适用性。网络信息浩如烟海,良莠不齐,教师需要运用专业知识和教学经验,对海量的数字资源进行甄别和筛选。一方面,教师要考查资源的学术价值和知识内涵,确保其内容真实、准确,符合学科发展的最新动态;另一方面,教师还要评估资源的教学价值,考虑其是否适合学生的认知水平和学习需求,能否有效支撑教学目标的达成。

在评估数字化教学资源可靠性的过程中,教师要善于辨别信息源的权威性和专业性。对于来源于权威机构、专业学术组织的资源,其内容往往经过严格审核,具有较高的可靠性;而对于来源不明或缺乏专业背景的资源,则需要进一步核实其内容的真实性。同时,教师还要注意甄别资源的时效性,选择反映学科前沿动态的资源,避免使用过时或陈旧的材料。通过系统评估资源的权威性、专业性和时效性,教师能够从纷繁复杂的网络信息中筛选出高质量、可靠的数字化教学资源。

评估数字化教学资源的适用性,需要教师深入分析学情,全面把握教学目标和要求。每个学生的认知基础、学习风格都有所不同,教师要充分考虑这些个体差异,选择能够满足不同学生学习需求的教学资源。此外,数字化资源的呈现方式、交互设计也影响着其教学适用性。生动直观、互动性强的资源更容易激发学生兴趣,促进知识的理解和内化;而单调乏味、缺乏互动的资源则难以调动学生的学习积极性。因此,教师在选择数字化教学资源时,既要关注资源的内容质量,也要兼顾其形式设计,最大限度地发挥资源的教学效能。

评估和筛选高质量的数字化教学资源,是一个动态持续的过程。教师要与时俱进,及时了解和掌握最新的优质资源,不断更新和充实资源库。同时,教学实践的反馈也为资源筛选提供了重要参考。教师要积极听取学生的意见和建议,总结资源运用的效果和不足,并据此调整资源选择的策略。只有如此,才能不断提升数字化教学资源的针对性和实效性,为教学质量的持续改进提供有力支撑。

(二)利用技术平台进行教学

中华优秀传统文化课程利用技术平台进行教学,是现代教育发展的一个重要趋势。这些技术平台不仅丰富了教学手段,还提高了学生的学习兴趣和参与度,使得传统文化知识得以更加生动、直观地呈现。以下是一些常见的利用技术平台进行中华传统优秀文化课程教学的方式。

1. 在线教学平台

国家高等教育智慧教育平台(如中国大学MOOC)、智慧树等,提供了丰富的中华优秀传统文化课程。学生可以通过这些平台自主学习,观看视频、参与讨论、完成作业,甚至获得学分或证书。同时,许多学校也利用自己的技术平台,如校园网络学习系统,开设中华优秀传统文化课程。这些课程通常结合学校的教学特色和学生的实际需求,进行定制化教学。

2. 多媒体教学工具

教师可以使用PPT等多媒体工具制作精美的课件,将传统文化知识以图像、文字、音频、视频等多种形式呈现给学生。这种方式可以使教学内容更加生动、直观,激发学生的学习兴趣。同时,交互式电子白板可以与电脑、投影仪等设备连接,实现书写、标注、擦除等功能。在传统文化课程教学中,教师可以利用电子白板进行板书、展示图片和视频等,并与学生进行互动交流。

3. 虚拟现实(VR)和增强现实(AR)技术

通过虚拟现实技术,学生可以身临其境地体验古代场景和文物。例如,可以虚拟参观故宫、兵马俑等古迹,感受古代建筑和文化的魅力。这种方式可以极大地提高学生的学习兴趣和参与度。而增强现实技术可以将虚拟信息叠加到现实世界中,为学生提供更加丰富的视觉体验。在传统文化课程教学中,教师可以利用 AR 技术展示古代文物的三维模型、动画演示等,帮助学生更好地理解传统文化的内涵和特色。

4. 互动教学软件

一些专门的互动教学软件可以为学生提供个性化的学习体验。这些软件通常包含游戏、测试、讨论等环节,可以帮助学生检验自己的学习成果并巩固所学知识。同时,这些软件还可以记录学生的学习进度和成绩等数据,为教师提供教学反馈和参考。

(三)促进互动与反馈

在互联网时代,数字化教学资源的快速发展为教育教学注入了新的活力。教师应积极利用多媒体、在线课程、虚拟仿真等技术手段,创设丰富多彩的数字化学习情境,增强学生的参与感和获得感。在此过程中,教师要善于利用数字资源提供的即时反馈功能,及时了解学生的学习状态,调整教学策略,实现因材施教。同时,数字化教学资源的应用也为师生互动、生生互动提供了便利条件。教师可以通过在线讨论、协作学习等方式,激发学生的主动性和创造性,培养其合作探究能力。

然而,数字化教学资源的运用对教师的信息素养提出了更高要求。教师不仅要熟练掌握各类数字化教学工具的使用方法,还要具备辨别和筛选优质教学资源的能力。面对网络上鱼龙混杂的信息,教师要擦亮慧眼,选取与教学内容相契合、与学生认知水平相适应的数字资源。此外,教师还要注重引导学生合理利用数字资源,培养其信息甄别能力和自主学习能力,防止其沉溺于网络世界而荒废学业。

数字化教学资源的应用也对教学组织方式提出了新的挑战。传统课堂以教师讲授为主,学生被动接受知识,而在数字化环境下,学生可以根据自己的节奏安排学习进度,教师更多地扮演引导者和协助者的角色。这就要求教师转变教学理念,围绕学生设计教学活动,为其提供个性化的学习支持。同时,教师还要灵活运用线上线下混合式教学模式,将数字资源与课堂教学有机结合,实现优势互补、深度融合。

数字化教学资源的运用为实现教学互动和学习反馈提供了有效途径。通过在线测试、学习分析等技术手段,教师可以动态跟踪学生的学习过程,准确诊断其学习中遇到的困难,从而有针对性地进行教学干预。学生也可以利用数字平台随时与教师和同学进行交流,获得及时反馈和帮助。这种实时的学习数据反馈,有助于学生及时发现问题、修正偏差,不断优化学习策略,从而提高学习效果。

在运用数字化教学资源促进互动与反馈的过程中,教师要注重保护学生隐私,遵循教育伦理。一些学习平台可能会收集学生的个人信息,教师要提高警惕,严格保密,防止学生信息被不当利用。同时,教师还要加强引导,帮助学生树立正确的网络道德观念,提高其网络安全意识。

三、共享型传统文化教学资源库的创建

(一)共享型传统文化教学资源库的构想与设计

在信息技术迅猛发展的时代背景下,教育教学资源日益丰富,但也呈现出碎片化、分散化的特点。传统文化教学亟须构建一个结构合理、内容丰富和动态更新的资源共享平台,以实现优质教学资源的集聚与流通。

设计共享型传统文化教学资源库,要先明确其功能定位和建设目标。资源库不仅要为一线教师备课提供素材,更要成为教师专业发展的平台和学生自主学习的园地。因此,资源库的构建应立足教与学的需求,兼顾资源的广度和深度,既要涵盖传统文化的方方面面,又要体现学科特点和教学规律。

在资源库的具体设计中,科学规划资源的类型和组织形式至关重要。传统文化教学资源可分为文本、图像、音频、视频、动画等多种类型,既包括经典文献、历史文物等第一手资料,也包括名师课例、教学设计等加工型资源。对于这些异质性资源,需要进行系统梳理和合理分类,构建清晰的知识架构和检索体系。通过设置关键词、标签等元数据,实现资源的精准检索和关联推荐,方便用户快速定位所需内容。

资源库的生命力在于动态更新。传统文化是一个博大精深的宝库,其教学资源也在不断丰富和发展。因此,共享型资源库要建立资源的动态更新机制,定期收集、整理和发布最新的教学资源,并鼓励教师、学生等用户参与资源的评价、分享和再创作。通过开放、互动的方式,形成资源共建共享的良性循环,不断提升资源库的质量和活力。

资源库建设还要考虑用户的使用体验。良好的界面设计、清晰的导航结构和丰富的交互功能都是提高用户黏性的关键因素。资源库可嵌入社区模块,为教师、学生、家长等不同群体搭建交流互动的平台,通过头脑风暴、经验分享等方式,激发用户参与的积极性。同时,还可提供个性化推荐、学习状态跟踪等智能化功能,为用户提供更加精准、便捷的服务。

(二)共享型传统文化教学资源库的分类与整理

共享型传统文化教学资源库的建设需要遵循科学的分类标准和规范化的整理流程。资源库的分类应以服务教学需求为出发点,综合考虑传统文化的内容领域、历史时期、区域特色等多重维度,形成条理清晰、覆盖全面的分类体系。例如,可以按照文学艺术、历史地理、民俗风情等内容领域进行一级分类,再根据不同朝代或地域特点设置二级分类,便于教师快速检索和选用所需资源。

资源的整理应遵循规范与创新并重的原则。一方面,要遵守统一的元数据标准,规范资源的格式、命名、描述等要素,保证资源的标准化和可管理性。另一方面,要鼓励教师在整理过程中积极挖掘、开发具有地方特色或跨学科价值的传统文化资源,丰富资源库的内容形式。例如,除了文本、图片等常规资源外,教师还可以整理制作微视频、虚拟展览、互动游戏等新颖的数字化资源,提升资源的吸引力和参与度。

高校应建立健全资源共享的激励和评价机制,调动教师参与资源库建设的积极性。可以将教师贡献优质资源的情况纳入绩效考核和职称评定,并给予相应的物质奖励和荣誉表彰。同时,要完善资源的评价标准和反馈渠道,鼓励教师、学生对资源质量进行多维度评估,为资源的持续优化提供参考依据。通过激励引导和机制保障,营造出全员参与、良性互动的资源共建共享氛围。

资源库平台应加强智能化、个性化服务,提升资源的利用效率。引入大数据分析、知识图谱等前沿技术,对教师的检索行为和学生的学习特征进行动态跟踪分析,智能推荐适配度高的优质资源。针对不同教学情境和个性化需求,提供资源的灵活组合与再加工功能,支持教师便捷地创建个性化教学方案和课程资源包。通过智能化手段赋能传统文化教学,实现资源、教学和学习的精准匹配和深度融合。

(三)共享型传统文化教学资源库的管理与维护

1. 建立健全的管理制度

管理制度应明确界定资源库的定位、功能、运行机制,规范资源的采集、审核、发布、更新等流程,并对各环节的职责分工、质量标准、奖惩措施等作出详细规定。制度的制定要遵守务实管用原则,切实为资源库管理提供可操作、可考核的行动指南。

2. 配备专业的管理团队

管理团队应由熟悉传统文化、掌握现代信息技术、具备丰富管理经验的复合型人才组成。团队成员需对资源库有清晰的发展规划,能够制定科学合理的管理方案,并在实践中不断优化完善。同时,还要建立激励机制,调动团队的工作积极性,激发其主动管理、创新管理的内生动力。

3. 借助先进技术手段

云计算、大数据、人工智能等新兴技术为传统文化教学资源管理开辟了广阔空间。通过这些技术,可以实现海量资源的自动分类、语义挖掘、关联推荐等智能化处理,极大提升资源检索、调用的效率和精准度。区块链、数字水印等技术还能有效保护资源知识产权,为资源库的有序共享提供技术支撑。

参考文献

[1] 杜昀芳,刘永记.中华优秀传统文化[M].北京:新华出版社,2021.

[2] 从云飞.中华优秀传统文化[M].北京:华文出版社,2021.

[3] 马宁.中华优秀传统文化的传承与创新[M].青岛:中国海洋大学出版社,2023.

[4] 苏全有.中华优秀传统文化概论[M].郑州:河南人民出版社,2021.

[5] 李若冰,周刚.中华优秀传统文化读本[M].昆明:云南大学出版社,2020.

[6] 李文军,耿成义,王宝泉.传统文化课程设计导论与课例评析[M].济南:山东大学出版社,2022.

[7] 宋生涛.传统文化学前教育课程开发的理论与实践[M].北京:民族出版社,2019.

[8] 刘志兰.传统武术文化继承与武术课程改革创新[M].北京:中国水利水电出版社,2020.

[9] 向世陵.中国传统文化经典[M].北京:中国人民大学出版社,2023.

[10] 庄莉.传统文化校本课程项目式学习的探索与实践[M].长春:东北师范大学出版社,2023.

[11] 曲天立.中华优秀传统文化教育课程的系统设计与实施[M].长春:东北师范大学出版社,2021.

[12] 林伟健,梁国英,罗金彪.职业教育公共基础课程[M].广州:广东教育出版社,2021.